Diálogo inter-religioso sob a ótica cristã

O selo DIALÓGICA da Editora InterSaberes faz referência às publicações que privilegiam uma linguagem na qual o autor dialoga com o leitor por meio de recursos textuais e visuais, o que torna o conteúdo muito mais dinâmico. São livros que criam um ambiente de interação com o leitor – seu universo cultural, social e de elaboração de conhecimentos –, possibilitando um real processo de interlocução para que a comunicação se efetive.

Diálogo inter-religioso sob a ótica cristã

Marlon Ronald Fluck

EDITORA intersaberes

Rua Clara Vendramin, 58 | Mossunguê | CEP 81200-170 | Curitiba | PR | Brasil
Fone: (41) 2106-4170 | www.intersaberes.com | editora@editorainsersaberes.com.br

Conselho editorial Dr. Ivo José Both (presidente) | Drª Elena Godoy | Dr. Neri dos Santos | Dr. Ulf Gregor Baranow ‖ *Editora-chefe* Lindsay Azambuja ‖ *Gerente editorial* Ariadne Nunes Wenger ‖ *Preparação de originais* Fabrícia E. de Souza ‖ *Edição de texto* Arte e Texto ‖ *Capa e Projeto gráfico* Sílvio Gabriel Spannenberg (*design*) | Azuzl e RugliG/Shutterstock (imagens) ‖ *Diagramação* Conduta Design ‖ *Equipe de design* Sílvio Gabriel Spannenberg | Mayra Yoshizawa ‖ *Iconografia* Sandra Lopis da Silveira | Regina Claudia Cruz Prestes

Dados Internacionais de Catalogação na Publicação (CIP)
(Câmara Brasileira do Livro, SP, Brasil)

Fluck, Marlon Ronald
Diálogo inter-religioso sob a ótica cristã/Marlon Ronald Fluck. Curitiba: InterSaberes, 2020. (Série Panorama das Ciências da Religião)

Bibliografia.
ISBN 978-85-227-0294-7

1. Diálogo - Aspectos religiosos 2. Religião e literatura 3. Reflexões 4. Teologia cristã I. Título II. Série.

20-32698   CDD-200.15

Índices para catálogo sistemático:
1. Ciência da religião   200.15

Maria Alice Ferreira – Bibliotecária – CRB-8/7964

1ª edição, 2020.

Foi feito o depósito legal.

Informamos que é de inteira responsabilidade do autor a emissão de conceitos.

Nenhuma parte desta publicação poderá ser reproduzida por qualquer meio ou forma sem a prévia autorização da Editora InterSaberes.

A violação dos direitos autorais é crime estabelecido na Lei n. 9.610/1998 e punido pelo art. 184 do Código Penal.

SUMÁRIO

8 | Apresentação
13 | Como aproveitar ao máximo este livro

16 | **1 Conceitos fundamentais**
17 | 1.1 Conceito de diálogo
19 | 1.2 Conceito de diálogo ecumênico
23 | 1.3 Conceito de diálogo inter-religioso
29 | 1.4 Conceito de sincretismo
33 | 1.5 Distinções das influências culturais no campo religioso

39 | **2 Diálogo inter-religioso na Bíblia**
40 | 2.1 Personagens bíblicas e o diálogo inter-religioso

67 | **3 Modelos dialogais na história do cristianismo**
67 | 3.1 Modelo dialogal de Justino
71 | 3.2 Modelo dialogal da Escola Teológica de Alexandria
74 | 3.3 Modelo dialogal de Bartolomeu de las Casas
83 | 3.4 Modelo dialogal de Manuel da Nóbrega e José de Anchieta
89 | 3.5 Índia no século XVIII d.C.: a missão luterana em Tranquebar
91 | 3.6 Modelo dialogal de William Carey (baseado principalmente em Raja Ram Mohan Roy, 2019)
96 | 3.7 Modelo dialogal de Adoniram Judson

104 | **4 Tipos de diálogo com religiões monoteístas**
104 | 4.1 Diálogo com o judaísmo
109 | 4.2 Diálogo com o cristianismo
115 | 4.3 Diálogo com o islamismo
121 | 4.4 Diálogo com o zoroastrismo
124 | 4.5 Diálogo com o *sikhismo*
129 | 4.6 Diálogo com a fé *baha'i*

139 | **5 Tipos de diálogo com religiões politeístas**
139 | 5.1 Diálogo com o hinduísmo
145 | 5.2 Diálogo com o budismo
149 | 5.3 Diálogo com as religiões africanas
158 | 5.4 Diálogo com o xintoísmo
161 | 5.5 Diálogo com o espiritismo
164 | 5.6 Diálogo com as religiões indígenas brasileiras
169 | 5.7 Diálogo com as religiões chinesas

179 | **6 Diálogo inter-religioso na atualidade**
181 | 6.1 Busca da paz
185 | 6.2 Adoção de uma postura ética
187 | 6.3 Promoção da dignidade humana
189 | 6.4 Preservação do ecossistema
193 | 6.5 Promoção do intercâmbio teológico
194 | 6.6 Conhecimento das experiências religiosas

203 | Considerações finais
206 | Referências
216 | Bibliografia comentada
225 | Respostas
226 | Sobre o autor

Dedico este livro àquela que tem sido minha companheira de diálogo nas últimas quatro décadas, minha esposa e pesquisadora acadêmica Márcia Einhardt Fluck.

APRESENTAÇÃO

É uma alegria podermos percorrer juntos a temática deste livro. O tema do diálogo inter-religioso é uma grande prioridade para todos que se dedicam ao estudo das ciências da religião.

Hans Küng, teólogo suíço, tem razão quando afirma que "não haverá paz entre as nações sem paz entre as religiões. Não haverá paz entre as religiões sem diálogo entre as religiões. Não haverá diálogo entre as religiões sem critérios éticos globais. Não haverá sobrevivência do nosso planeta sem um *ethos* (atitude ética) global, um *ethos* mundial" (Küng, 2004, p. 17).

As religiões, em regra, dignificam o ser humano, promovem a sustentabilidade no ecossistema e visam à continuidade de uma sociedade que possibilite a vida em abundância.

As exigências intrínsecas à religião, na sua caminhada de busca e vivência da verdade, são a ética e o compromisso com os direitos humanos e a realização plena de todas as pessoas. Por isso, o diálogo tem de ser uma prioridade para compreender o outro e para clarear a própria identidade, da qual muitas vezes só nos tornamos conscientes diante daquilo que é diferente.

Assim, realizaremos a nossa abordagem com uma estruturação do material que facilite a compreensão histórica e fenomenológica do diálogo inter-religioso sob a ótica cristã. Nosso ponto de partida é o cristianismo, por isso, esse é o pressuposto da análise a ser apresentada no desdobramento dessa preciosa temática.

Para entendermos os conceitos fundamentais sobre os quais se constrói o diálogo inter-religioso, iniciaremos esta obra com as definições de **diálogo**, neste livro entendido como processo transformador que nunca significou *ausência de convicções*. Na filosofia, desde o seu surgimento na Grécia, o diálogo foi o meio de se chegar a ideias puras, o parto do nascimento da verdade. Leva a um conhecimento da verdade que foi expandido de ambos os lados do processo conversacional.

Assim, o diálogo implica tolerância, que significa legitimação do outro, e boa-vontade para entender suas razões. Isso nos conduz ao **diálogo ecumênico**, que começou a ser promovido explicitamente no século XIX, com as iniciativas das sociedades missionárias voluntárias, que pensavam em um cristianismo universal que não repetisse o divisionismo do cristianismo europeu, o qual repercutia negativamente nos contextos africano, asiático etc. Cada vez mais, a unidade das igrejas passa a ser vista como essencial para que o testemunho cristão seja eficiente.

Na sequência, surgiu o **diálogo inter-religioso**. Ele pressupõe que as religiões tenham semelhanças que desempenhem um papel relevante na vida social e política dos seres humanos e que sejam importantes no desenvolvimento pessoal, já que conferem significado à existência humana.

Veremos, também, que os críticos da religião, em boa parte baseados nas teorias de Feuerbach, concedem à religiosidade humana esse caráter existencial, como consciência da totalidade e como elemento vinculado à sensibilidade humana.

Perceberemos que há várias formas de diálogo inter-religioso, tal como o diálogo com a própria vida. Como modelo dialogal no campo inter-religioso, Gandhi será mencionado como alguém que ilustrou algumas dessas formas no contexto indiano.

Também constataremos a vinculação dessa temática com o debate sobre **ética**. Há uma busca pela superação de problemas sociais por meio do diálogo inter-religioso e das mais variadas necessidades societárias, bem como uma busca pela sustentabilidade e pela valorização do ecossistema.

Outro conceito fundamental que vamos esclarecer é o de **sincretismo**. O conceito, antropologicamente, salienta a junção de elementos culturais diversos. Alguns dos sincretismos mais criativos foram focos de resistência cultural e meios de preservação de identidade. O sincretismo não torna alguém inferior ou superior no campo religioso ou filosófico. Abordaremos tais aspectos já no primeiro capítulo.

Vamos salientar a necessidade de estabelecimento de distinções: definiremos o conceito de **cultura** com o qual trabalharemos ao longo deste livro, bem como sua abrangência. Também esclareceremos a **relação entre a cultura e as religiões**, mostrando que a terminologia adotada muda de sentido conforme o contexto e as experiências religiosas. Nesse sentido, as religiões precisam ser entendidas no tempo e no espaço em que se inserem.

No segundo capítulo, estudaremos o **diálogo inter-religioso na Bíblia**. O sentido original grego de *conversar* passou a ter o sentido de "negociar" e "discutir com".

Chama a nossa atenção que Abraão tenha sido abençoado segundo a ordem de Melquisedeque, e não a de Aarão. Ele reconheceu a honra de Melquisedeque por meio da concessão do dízimo a ele e, assim, legitimou a função sacerdotal dele. Os elementos vinculados ao papel desempenhado por Melquisedeque serão aprofundados segundo a abordagem do Antigo Testamento.

Veremos, em textos do profeta Isaías, que o acesso à bondade de Deus se tornou disponível a todas as nações e, portanto, o diálogo se universalizou e se tornou acessível a todos.

No terceiro capítulo, analisaremos os **modelos dialogais na história do cristianismo.** Conheceremos o método desenvolvido por Justino de Roma, pela Escola de Alexandria, e o método alegórico de interpretação. Para apresentarmos os modelos seguidos na América Latina, iniciaremos pelo estudo de Bartolomeu de Las Casas, que desenvolveu um método contextualizado de comunicar a mensagem do Evangelho de Cristo aos indígenas latino-americanos e de defender internacionalmente os seus direitos. Também perscrutaremos a prática articulada por Manuel da Nóbrega e José de Anchieta na catequização de indígenas no Brasil.

Abordaremos, ainda, a forma como a missão inter-religiosa luterana ocorreu no sul da Índia a partir de 1706. Conheceremos o modelo missionário de William Carey, que se aliou ao maior líder hindu da Índia para lutar pela superação da tradição do sati, a queima da viúva e, por vezes, de funcionários, filhos e animais junto com os homens que morriam. Com a ajuda de Raja Ram Mohan Roy, os apelos de Carey contra tal prática desumana foram ouvidos em 1829, e esse costume foi finalmente banido da Índia moderna.

Também veremos os métodos de Adoniram Judson de identificação cultural e de debate religioso na Birmânia.

No quarto capítulo, trataremos dos **tipos de diálogo com as religiões monoteístas**, mais especialmente com o judaísmo e o cristianismo, responsáveis por divisões dogmáticas e confessionais, como o catolicismo romano, a Igreja Ortodoxa, os agrupamentos oriundos das reformas protestantes (luteranismo, calvinismo, anglicanismo e anabatismo), além de um sem número de movimentos evangélicos. A história da teologia cristã mostra uma série de divisões doutrinárias que também devem ser superadas por meio do diálogo.

A essas religiões, vamos acrescentar o diálogo com o islamismo, o zoroastrismo, o *sikhismo* e a fé *baha'i*.

No quinto capítulo, abordaremos os **tipos de diálogo com as religiões politeístas**, entre elas, o hinduísmo, o budismo, as religiões africanas, o xintoísmo, o espiritismo kardecista, as religiões indígenas brasileiras e as religiões chinesas.

No sexto e último capítulo, trataremos do **diálogo inter-religioso na atualidade**, no qual sublinharemos que o diálogo não almeja a renúncia à doutrina teológica ou a destruição da identidade de alguma igreja específica ou religião nem pretende acentuar os conflitos. O que queremos é a superação da intolerância, do preconceito e do ódio religioso. Para tanto, o espírito de alteridade deve estar presente nas relações interpessoais e inter-religiosas.

Logo, as formas atuais de diálogo devem visar à busca pela paz e às pautas éticas comuns entre as religiões, com vistas à melhoria dos povos, à luta pela preservação do mundo e do ecossistema e ao intercâmbio teológico, bem como ao conhecimento das experiências religiosas desenvolvidas em cada contexto.

Por fim, salientamos que "não haverá diálogo entre as religiões sem critérios éticos globais. Nosso planeta não poderá sobreviver sem uma ética global, assumida conjuntamente por crentes e não crentes" (Küng, 2007, p. 732).

Que Deus nos ajude a fazer a nossa parte para o bem de toda a humanidade!

Boa leitura!

COMO APROVEITAR AO MÁXIMO ESTE LIVRO

Empregamos nesta obra recursos que visam enriquecer seu aprendizado, facilitar a compreensão dos conteúdos e tornar a leitura mais dinâmica. Conheça a seguir cada uma dessas ferramentas e saiba como elas estão distribuídas no decorrer deste livro para bem aproveitá-las.

Introdução do capítulo
Logo na abertura do capítulo, informamos os temas de estudo e os objetivos de aprendizagem que serão nele abrangidos, fazendo considerações preliminares sobre as temáticas em foco.

Curiosidade
Nestes boxes, apresentamos informações complementares e interessantes relacionadas aos assuntos expostos no capítulo.

Preste atenção!
Apresentamos informações complementares a respeito do assunto que está sendo tratado.

Síntese
Ao final de cada capítulo, relacionamos as principais informações nele abordadas a fim de que você avalie as conclusões a que chegou, confirmando-as ou redefinindo-as.

Atividades de autoavaliação
Apresentamos estas questões objetivas para que você verifique o grau de assimilação dos conceitos examinados, motivando-se a progredir em seus estudos.

ATIVIDADES DE APRENDIZAGEM

Questões para reflexão
1. Sobre Bartolomeu de Las Casas, como você define[...] ção dos indígenas brasileiros quanto à evangeliz[...] existem preconceitos?
2. Em 1706, na costa sudeste da Índia, desembarca[...] missionários que viriam a criar os modelos para a[...] posteriores missões protestantes em todo o mund[...] Ziegenbalg, julgou importante pesquisar as relig[...] e dialogar com as expressões religiosas. Qual a [...] na contemporaneidade, em organizar e promov[...] inter-religioso?

Atividades aplicadas: prática
1. Qual a importância de conhecer a cultura de um [...]
2. Em Atos dos Apóstolos, 1:8, afirma-se: "Mas recebe[...] descer sobre vós o Espírito Santo, e sereis minhas t[...] tanto em Jerusalém como em toda a Judeia e Sam[...]

Atividades de aprendizagem
Aqui apresentamos questões que aproximam conhecimentos teóricos e práticos a fim de que você analise criticamente determinado assunto.

BIBLIOGRAFIA COMENTAD[A]

AMBALU, S. et al. **O livro das religiões**. Tradução d[...] xander. São Paulo: Globo, 2014.
Trata-se de uma introdução às religiões. Nele são [...] as religiões na pré-história, o período clássico, o [...] budismo, o judaísmo, o cristianismo, o islamismo [...] modernas (a partir do século XV). É uma literatura ú[...]

ARMSTRONG, K. **Em defesa de Deus**. Tradução d[...] Feist. São Paulo: Companhia das Letras, 2011.
_____. **Uma história de Deus**. Tradução de Marco[...] São Paulo: Companhia das Letras, 2008.
Karen Armstrong tem sido vista como especialista e[...]

Bibliografia comentada
Nesta seção, comentamos algumas obras de referência para o estudo dos temas examinados ao longo do livro.

1
CONCEITOS FUNDAMENTAIS

Para desenvolvermos a temática deste livro, precisamos formular uma série de interrogações a respeito do significado de alguns conceitos-chave relacionados.

Alvin Toffler já defendia, em 1970, que a linguagem humana é transitória. As imagens da realidade estavam, desde então, se transformando muito rapidamente, de forma que os códigos humanos se modificam aceleradamente. Toffler defendeu que, se Shakespeare aparecesse em Londres, entenderia apenas cinco de cada nove palavras do vocabulário inglês. Ele seria, portanto, um semianalfabeto.

A língua está se transformando três vezes mais rapidamente do que no período do século XVI d.C. até a Primeira Guerra Mundial. Houve um grande rodízio de palavras com o desenvolvimento das novas tecnologias. A língua seguiu os modismos do século XX d.C. A linguagem verbal e não verbal se transformaram e continuam em mutação (Toffler, 1998, p. 143-146).

A discussão, a avaliação e a redefinição de conceitos é, desse modo, algo relevante para a compreensão mútua. O conceito que ontem tinha um significado hoje pode ter outro sentido.

A gramática, a história e a semântica determinam o significado das palavras. Por isso, sempre temos de procurar entender o sentido que os autores quiseram dar aos textos que produziram. Assim, passemos à abordagem de alguns conceitos fundamentais.

1.1 Conceito de diálogo

O diálogo é um modo humilde de se comunicar com aqueles seres humanos diferentes de nós. O monólogo é exatamente o oposto disso, pois pressupõe que aquele que fala sabe tudo e tem de passar o que sabe aos ignorantes. No entanto, a necessidade que temos é a de buscar, juntos, a verdade, por meio do diálogo, o qual nos introduz em um processo transformador.

Já no século XIX d.C., ao criticar a dialética de Hegel, Ludwig Feuerbach (citado por Heinrichs, 1981, p. 697) defendeu que "a verdadeira dialética não é nenhum monólogo do pensador solitário consigo mesmo, mas, sim, um diálogo entre eu e tu"[1]. Assim, o diálogo tem sempre o sentido de *conversa*, e foi o filósofo Sócrates que o compreendeu também como *ensino doutrinário*, quando passou, então, a ser entendido como o pressuposto de consensos. Daí podermos inferir que o diálogo nunca significou a ausência de convicções.

Na filosofia grega, por intermédio de Sócrates, Platão e Aristóteles, a arte da conversação com o uso de perguntas e respostas tornou-se o caminho para o surgimento das ideias puras. O diálogo era visto, por eles, como a única possibilidade de chegar ao *lógos* (essência do verbo) (Schrenk, 1935).

O diálogo é o elemento constituinte do método filosófico de Sócrates, que levava ao exame da alma. Platão defendeu que:

> Quem quer que esteja próximo de Sócrates e em contato com ele para raciocinar, qualquer que seja o assunto tratado, é arrastado pelas espirais do discurso e inevitavelmente forçado a seguir

---
1 Do original em alemão: "Die wahre Dialektik ist kein Monolog des einsamen Denkers mit sich selbst, sie ist ein Dialog zwischen Ich und Du".

adiante, até ver-se prestando contas de si mesmo, dizendo inclusive de que modo vive e de que modo viveu. E, uma vez que se viu assim, Sócrates não mais o deixa. (Platão, citado por Reale; Antiseri, 2004, p. 100)

Logo, no diálogo, temos os dois aspectos que caracterizam a dialética de Sócrates: a refutação e a maiêutica. A refutação gerava a consciência da ignorância e a maiêutica significava a gravidez da alma e o parto do nascimento da verdade. A conversação e o debate passaram a ser o modo de busca da verdade. Esse método dialogal passou a ser utilizado, mais tarde, pelos Pais da Igreja[2], como veremos mais adiante.

O debate filosófico – e, em parte, o diálogo inter-religioso – têm como pressuposto um fundamento preexistente, que deve ser mais bem fundamentado e expandido. Nesse sentido, o diálogo pode ser definido como "esforço dos seres humanos de convicções diferentes de aprenderem a conversação e se entenderem um ao outro, identificar o terreno comum e, em seguida, obter o conhecimento do outro"[3] (Beyerhaus, 1992, p. 438) ou chegar a um conhecimento da verdade que foi expandida de ambos os lados.

O princípio do diálogo foi transmitido do pensamento grego ao moderno e conserva hoje um valor normativo. Esse princípio implica tolerância filosófica e religiosa e significa "reconhecimento

---

[2] *Pais da Igreja* é a denominação dada à liderança da Igreja cristã surgida após a morte dos apóstolos. *Pai da Igreja* era considerado aquele que: 1) ensinava a doutrina recebida de Jesus e dos apóstolos; 2) vivia uma vida coerente com esse ensinamento; 3) era reconhecido como líder pela grande Igreja; 4) tinha tempo de seguimento desse ensinamento, ou seja, não podia ser um iniciante e, geralmente, tinha sido discipulado por um dos apóstolos escolhidos por Jesus ou por alguém que era discípulo dos apóstolos. Os Pais da Igreja precisavam atender a esses quatro critérios. Aqueles que não cumpriam algum dos três primeiros eram chamados de *escritores eclesiásticos* (Fluck, 2012a, p. 9-11). Esse conceito foi depois expandido e aplicado aos que ensinam a doutrina cristã oficialmente reconhecida dos séculos de II a VIII d.C.

[3] Do original em alemão: "In diesem Sinne lässt sich Dialog definieren als Bemühen von Menschen unterschiedlicher Überzeugungen, im Gespräch einander verstehen zu lernen, Gemeinsamkeiten abzustecken und sodann entweder den anderen für die eigene Erkenntnis zu gewinnen oder aber zu einer beiderseitig erweiterten Wahrheitserkenntnis zu gelangen".

de sua igual legitimidade e como boa vontade de entendê-los nas suas razões" (Abbagnano, 1982, p. 257).

1.2 Conceito de diálogo ecumênico

Ecumenismo procede do termo grego *oikuméne*, que significa "o mundo habitado, de caráter geral, universal" (Bauer, 1979, p. 561). Contudo, no século IV d.C., o termo passou a ser usado em sentido eclesiástico para distinguir os concílios de toda a Igreja (Niceia, Constantinopla etc.) dos concílios regionais.

Com o surgimento da Aliança Evangélica, em 1846, na Europa, vários dos seus fundadores protestantes passaram a utilizar o termo *ecumenismo*. Em 1881, realizou-se a Conferência Metodista **Ecumênica**. Em 1900, aconteceu, em Nova Iorque, a Conferência Missionária **Ecumênica**, assim chamada porque o plano missionário cobria todas as terras do mundo habitado (Beyerhaus, 1992, p. 439).

A expressão *movimento ecumênico* surgiu, portanto, no meio evangélico e estava relacionado ao esforço missionário conjunto das igrejas e ao ensino bíblico da unidade do Corpo de Cristo (Bíblia. João, 2009, 17: 20-21). O movimento ecumênico se originou do movimento missionário protestante mundial. As sociedades bíblicas foram a expressão da união entre as igrejas.

Assim, foram criadas a Sociedade Bíblica Canstein, em Halle, Alemanha, em 1710; a Sociedade Bíblica Britânica e Estrangeira, em Londres, em 1804; e a Sociedade Bíblica Americana, em Nova Iorque, em 1816. A elas se seguiram várias sociedades em distintos países da Europa. No Brasil, somente em 1948 surgiu a primeira sociedade bíblica, com um perfil não confessional, como as que haviam sido organizadas na Europa e nos Estados Unidos.

Nos anos de 1860, foram realizadas as conferências das sociedades missionárias da Europa, que perduraram durante todo o restante do século e que visavam a um testemunho cristão na Ásia e na África que não repetisse, fora da Europa, o separatismo entre as denominações protestantes, que, historicamente, se digladiaram nas nações europeias. As sociedades missionárias não queriam que o separatismo impedisse os pagãos de chegar à fé em Jesus Cristo. Na visão delas, já bastava o estrago que isso havia produzido nos países europeus. As sociedades missionárias fizeram de tudo para não reproduzir, entre os pagãos da África e da Ásia, a desunião existente entre os protestantes na Europa.

> **CURIOSIDADE**
> John R. Mott, líder da Conferência Missionária Mundial (promovida em Edinburgo, em 1910), participou do comitê e foi continuador e um dos maiores líderes ecumênicos internacionais. Tinha como lema a evangelização do mundo em nossa geração.

Antes disso, em 1706, na Índia não cristã, a missão dinamarquesa e de Halle assumiram uma postura ecumênica, com o envolvimento da Sociedade para Promoção do Conhecimento Cristão (*Society for Promoting Christian Knowledge*, cuja sigla é *SPCK* na língua inglesa).

Nikolau Zinzendorf e os moravos promoveram, na localidade de Herrnhut, na Alemanha, a união entre hussitas, luteranos, católicos e outros, entre os quais, desde 1727, se produziram um avivamento espiritual, um quebrantamento e uma espiritualidade combativa (Fluck, 2012a, p. 66-76).

> **CURIOSIDADE**
> Os hussitas eram os seguidores do pré-reformador tcheco João Huss (Houaiss; Villar, 2001, p. 1556).

Essas características do movimento de reavivamento espiritual do século XVIII d.C. conduziram ao envolvimento nas missões de escravos que viviam nas Antilhas (Fluck, 2012a, p. 69, 73-75).

Os cristãos impactaram o mundo por meio do amor de uns para com os outros e pelo testemunho da unidade cristã. A união dos cristãos para a realização da tarefa missionária da Igreja está presente desde longa data na história do cristianismo.

A colaboração missionária teve grande incremento com a organização da Sociedade Bíblica Britânica e Estrangeira, em 1804, constituída por um secretário anglicano, um secretário oriundo das igrejas livres e um secretário estrangeiro, o luterano Carlos Frederico Adolfo Steinkopf, indicado pela Sociedade do Cristianismo Alemão, de Basileia, que desempenhou essa função de 1812 a 1826. Essa sociedade bíblica estimulou a criação de sociedades bíblicas em vários países europeus por meio da união de esforços interconfessionais.

> **PRESTE ATENÇÃO!**
> *Esforços interconfessionais* são aqueles que unem as várias igrejas em torno de um propósito comum.

Em 1866, tiveram início as conferências missionárias europeias, que agruparam as missões germânica, escandinava, holandesa, dinamarquesa, sueca e finlandesa. Essas conferências, posteriormente, foram chamadas de *conferências missionárias continentais* e assentaram as bases para o desenvolvimento da ação missionária nos campos missionários em todo o mundo. Além disso, também influíram na formação dos missionários, na instituição das conferências missionárias mundiais, como a de Edimburgo (em 1910), e, posteriormente, na organização do Conselho Missionário Internacional, em 1921, e do Conselho Mundial de Igrejas, em 1948.

Cada vez mais a unidade da Igreja passou a ser vista como essencial para a eficiência do testemunho cristão. Antes da realização do Concílio Vaticano II, ocorrido de 1962 a 1965, o catolicismo romano não participava oficialmente do movimento ecumênico. Ele antes era um movimento protestante oriundo desse interesse de evangelização e missão, processo em que os católicos romanos perceberam a dificuldade resultante do separatismo entre as igrejas. Acreditava-se que o mundo passaria a crer se visse a união e o amor existente entre os que seguiam Cristo. Por meio do amor a Cristo, transpunham-se as barreiras erguidas com as posturas doutrinárias "ortodoxas".

A cooperação na missão constituiu-se na fonte constante de estímulo à unidade entre os cristãos evangélicos e as sociedades missionárias, que enviaram missionários por todo mundo e priorizaram os elementos unificadores das várias denominações evangélicas das quais provinham em vez de acentuarem os elementos distintivos.

Mesmo que houvesse pessoas que defendessem a tese de que o evangelho é de Deus, e não dos seres humanos, Sua doutrina tem de ser recebida, e não criticada; tem de ser declarada, e não discutida. Temos certeza de que a atitude não dialogal, na verdade, parte de uma visão de que o cristão não dialoga, mas sim afirma que sabe tudo e é dono da verdade!

Temos, na própria mensagem bíblica, a afirmação de que Deus entra em diálogo com os seres humanos. Ele não somente fala, mas também escuta. Ele faz perguntas e espera nossas respostas[4]. A mensagem cristã fala que o apóstolo Paulo praticou e ensinou a necessidade de um diálogo contínuo com o mundo (Bíblia. Atos

---

4   O ato de Deus de dialogar, argumentando com os seres humanos, pode ser visto em textos bíblicos como: Jó 38: 3; 40: 7; Isaías 1: 18; 40: 21; Oseias 11: 8; Lucas 2: 46; 10: 36; Mateus 21: 40.

dos Apóstolos, 2009, 20: 7-9, 24, 25; Colossenses, 4: 5), a fim de realizar a missão cristã.

Para os cristãos, tem de estar claro que o diálogo coloca a evangelização em um contexto autenticamente humano. Quando escutamos a outra pessoa, aumenta o nosso respeito por ela, como ser humano feito à imagem e semelhança de Deus. O diálogo verdadeiro com uma pessoa de outro credo requer **interesse** e **preocupação** com o que cada um tem a comunicar tanto como pela pessoa. Sem o interesse, a conversação se torna praticamente amena. Sem a preocupação em ouvir, a conversação torna-se irrelevante, arrogante e pouco convincente.

Portanto, o diálogo é sinal de genuíno amor, pois indica a nossa decisão firme de limpar a nossa mente dos preconceitos e das caricaturas que vamos formando sobre as pessoas. Desse modo, devemos nos esforçar para ouvir com os nossos próprios ouvidos e enxergar com os próprios olhos, a fim de descobrir o que é que nos impede de escutar aquilo que temos a compartilhar. Isso significa amor compreensivo (encarnado) e compromisso com os dilemas concretos das demais pessoas. Isso constitui o diálogo ecumênico.

1.3 Conceito de diálogo inter-religioso

Quando praticamos o diálogo inter-religioso, precisamos nos aperceber das semelhanças existentes entre as religiões, do papel que desempenham na vida social e na política e como são importantes no desenvolvimento pessoal dos seres humanos. As religiões respondem a perguntas existenciais e conferem significado à existência humana.

Ludwig Feuerbach (1804-1872), crítico da religião que influenciou Marx, Freud e Nietzsche, defende que os deuses e, consequentemente, o culto a eles foram criados à imagem e semelhança dos seres humanos.

À medida que o ser humano se cumpre, ou seja, redescobre sua origem perdida, ele é restaurado e se liberta de Deus ou deuses.

Segundo Feuerbach (2007, p. 44), as religiões só revelam as carências do ser humano ao argumentar que "a peregrinação do ser humano em busca do outro nada mais faz do que levá-lo de volta a si mesmo". O homem não pode ir além da sua própria essência, pois "Deus ocupa o lugar do sensível ao que se havia renunciado (reprimido). O homem afirma em Deus o que nega em si mesmo" (Feuerbach, 2007, p. 44). Assim, para o autor, a religião é pura antropologia e Deus, a objetivação da própria essência do ser humano (Feuerbach, 2007). Ele inverteu o versículo bíblico que diz que o homem foi feito à imagem e semelhança de Deus e alegou que os homens fazem os deuses a sua imagem. Portanto, os deuses se tornariam uma projeção da mente humana.

Logo, Feuerbach (2007) defende que o conhecimento de Deus é o que o homem tem de si mesmo e que a religião é o relacionamento do homem consigo mesmo. Na religião, objetivamos nossa própria essência secreta, e a essência divina é a autoconsciência da própria perfeição da razão. No amor divino, apenas afirmamos o amor humano e, desse modo, para Feuerbach (2007, p. 91), a religião é "a projeção da essência humana sobre si mesma". Portanto, "a consciência que o homem tem de si mesmo em sua totalidade é a consciência da trindade" e, sendo assim, "a religião é a consciência que o homem tem de si em sua totalidade" (Feuerbach, 2007, p. 91).

O autor não sabe bem o que fazer do Espírito Santo, pois, para o que ele quer demonstrar sobre o amor, bastam dois: o Pai e o Filho. Por outro lado, Maria é relevante como mãe de Deus, a qual ele considera oposição necessária (Feuerbach, 2007).

1.3.1 Modalidades de diálogo no campo religioso

No século XIX d.C., a religião passou a ser vista como o sentimento de dependência absoluta de seu deus, segundo Friedrich Schleiermacher (1958). Com isso, esse autor passou a defender a religião como algo fundamentalmente ligado à sensibilidade humana; a partir daí, sugiram várias modalidades de diálogo no campo religioso (Schleiermacher, 1958, p. 29).

A primeira dessas formas é o **diálogo como colóquio religioso estabelecido entre pessoas de várias religiões** a respeito de temas previamente combinados. Assim, são promovidas conversações entre representantes de religiões variadas na televisão e em um ambiente neutro, mediadas por pessoas que procuram possibilitar um diálogo aberto e respeitoso. Diálogos desse tipo também podem ser realizados na universidade ou na escola e, em nível público, nos órgãos governamentais e nas várias associações existentes na sociedade.

Por outro lado, o diálogo inter-religioso se articula também como diálogo da vida, com o estabelecimento consciente de convívio religioso por meio da participação em festas. Nas famílias, isso se manifesta nos ritos de passagem, quando pessoas de várias práticas religiosas se reúnem para comemorar juntos, no batismo ou na apresentação de uma criança, nas práticas da adolescência, na festa de casamento, na despedida de um ente querido que morreu. Desse modo, temos muitas situações que propiciam um ambiente de tolerância e diálogo.

Também existe o **diálogo como monólogo inter-religioso**, que consiste no diálogo interior de pessoas que estão familiarizadas com duas religiões, de forma existencial e por meio de reflexão teológica.

Mahatma Gandhi (1869-1948) viveu, na prática, essa necessidade do diálogo no ambiente tenso da Índia do período colonial. Ele almejou a independência da Índia, a unidade hindu-muçulmana e a extinção do sistema de castas. Por causa da intolerância religiosa de líderes indianos, Gandhi conseguiu alcançar apenas a independência da Índia.

A tensão entre muçulmanos e hinduístas levou à separação do Paquistão. A extinção das castas foi colocada na constituição da Índia, porém não alcançou o dia a dia do país. Ao usar a Bíblia e o Alcorão, Gandhi deu a sua interpretação aos textos sagrados. Na verdade, ele foi influenciado por duas religiões advindas do hinduísmo: o jainismo e o budismo-theravada (Schirrmacher, 1993, p. 662).

Gandhi chegou a "chamar a civilização ocidental de 'uma doença' e 'um veneno'" (Ferguson, 2016, p. 177). O imperialismo britânico era tal que, às vésperas da Primeira Guerra Mundial, cobria um quarto da superfície da Terra, bem como a mesma proporção da população mundial (Ferguson, 2016, p. 176). Em 1945, a civilização ocidental sofria uma rápida dissolução e era uma expressão que demonstrava contradição (Ferguson, 2016, p. 230). Por sua atuação, Gandhi tem sido mencionado como modelo dialogal no campo inter-religioso.

O **diálogo como a espiritualidade** é uma tendência no diálogo inter-religioso que envolve meditação, celebração com oração conjunta e culto como momento de encontro inter-religioso. Essa prática certamente gera conflitos, no entanto, é uma ocorrência perceptível entre parte dos praticantes do diálogo inter-religioso.

Também podemos constatar a **vinculação do diálogo à temática ética**. Pessoas de várias origens religiosas podem agir conjuntamente, com vistas à busca de formas de superação de problemas sociais, mesmo que, religiosamente falando, partam de concepções distintas. Isso pode se articular de forma variada, segundo as diversas necessidades sociais e de busca de sustentabilidade. Geralmente, as religiões promovem uma valorização do ecossistema e a luta pela sustentabilidade.

As religiões agem unidas para preservar a criação. Todos nós sabemos que, se as nações e as religiões não dialogarem na busca desse caminho, toda a humanidade sofrerá consequências inimagináveis em decorrência do abuso para com a natureza. Continuam válidas para os cristãos as palavras do apóstolo Paulo de que "toda criação, a um só tempo, geme e suporta angústias até agora" (Bíblia. Romanos, 2009, 8: 22).

Assim, é necessário que as religiões dialoguem para procurar meios de aliança a favor da paz. Historicamente, as religiões agiram unidas na luta contra o racismo, e o diálogo se colocou a serviço da superação de conflitos nesses casos.

Outra modalidade é o **diálogo sobre o diálogo**, que ocorre no momento da conversação sobre as consequências do diálogo inter-religioso em uma comunidade religiosa. Quando temos de falar sobre a importância do diálogo, isso é um diálogo sobre o diálogo.

No meio cristão, temos falado do diálogo inter-religioso e o compreendido, inclusive, em vários círculos, como **pré-evangelização**. Na história da missão isso ocorreu inúmeras vezes. Aí, novamente, retornamos à pergunta: Deus dialogou com o ser humano?

O que podemos constatar, na revelação cristã, é que o divino faz perguntas e espera respostas! Ele fala, mas também escuta! No ensino judaico, aparece a convocação: "Vinde, pois, e arrazoemos, diz o Senhor" (Bíblia. Isaías, 2009, 1: 18).

Portanto, os seres humanos devem apresentar suas razões, e este é o pressuposto para a prática do diálogo: a lógica argumentativa do meu parceiro de diálogo deve ser conhecida.

Em algum momento da história, surgiram na Bíblia outras perguntas, como: "Acaso não sabeis? Porventura, não ouvis? Não vos tem sido anunciado desde o princípio? Ou não atentastes para os fundamentos da terra?" (Bíblia. Isaías, 2009, 40: 21). Em outra ocasião, o próprio Deus fez questionamentos: "Como te deixaria, ó Efraim? Como te entregaria, ó Israel? Como te faria como a Admá? Como fazer-te um Zeboim? Meu coração está comovido dentro de mim, as minhas compaixões, à uma, se acendem" (Bíblia. Oseias, 2009, 11: 8).

As inúmeras perguntas expressas nos textos bíblicos como advindas da parte de Deus seriam, portanto, indicações do interesse em querer dialogar com os seres humanos, ou então para levá-los a refletir e a passar por um processo de mudança de pensamento. Deus pergunta por ter interesse no outro. Mesmo que as perguntas sejam retóricas, demonstram o interesse em conversar conosco, ainda que, por vezes, Ele próprio responda às perguntas que formulou.

O diálogo exige que nos desarmemos. Não penetra o coração humano quem pensa em destruir ou marginalizar o próximo. Nesse contexto, podemos expressar o malefício do etnocentrismo, que gera choque e estresse cultural. O outro não tem o direito de dizer algo de si mesmo, e a cultura desse outro é julgada com base na cultura do eu, em que o outro é representado negativamente. Logo, a diferença é transformada em hierarquia e não é vista como fonte de enriquecimento mútuo.

Em especial nos séculos XVIII e XIX d.C., o outro ganhou diferente grau de evolução. Desenvolveu-se a concepção do evolucionismo social, que passou a ser o modelo explicador da diferença entre os povos. As culturas eram "encaixadas" nos locais predeterminados da evolução. O outro foi visto como completamente dispensável. Dessa forma, as culturas foram traduzidas em termos de superioridade e inferioridade, também por motivos religiosos. Isso bloqueou qualquer possibilidade de diálogo inter-religioso ou social.

> **Preste atenção!**
> "O evolucionismo social é uma teoria da antropologia que afirma que toda sociedade começa de forma primitiva e evolui ao longo do tempo" (Evolucionismo social, 2018).

Assim, o diálogo inter-religioso desempenha uma função indispensável como meio de escuta empática para entender o outro e possibilita a compreensão dos elementos de verdade existentes nas religiões.

1.4 Conceito de sincretismo

Sincretismo é entendido, **filosoficamente**, como "síntese, razoavelmente equilibrada, de elementos díspares, originários de diferentes visões de mundo ou de doutrinas filosóficas distintas" (Houaiss; Villar, 2001, p. 2577). **Antropologicamente**, o termo corresponde à junção de elementos culturais diversos. Já do **ponto de vista religioso**, reflete a "fusão de diferentes cultos ou doutrinas religiosas, com reinterpretação de seus elementos" (Houaiss; Villar, 2001, p. 2577).

O conceito de **sincretismo** surgiu no universo da política, utilizado por Plutarco (45-120 d.C.) para unir cidades cretenses antes separadas por brigas. Nas ciências das religiões do século XIX d.C., começou-se a ver as influências mútuas das religiões umas sobre as outras e a aplicar o conceito de sincretismo para descrever isso.

O helenismo tem sido apontado como período clássico do sincretismo. O cristianismo, surgido nesse período, passou a ser interpretado como filho de sua época e religião sincrética pela escola teológica de Rudolf Bultmann. No entanto, essa compreensão conflita abertamente com a autocompreensão das testemunhas do Novo Testamento. Como o cristianismo se expandiu para outras regiões, certamente precisou dialogar com as religiões presentes nas localidades e utilizar os conceitos religiosos de outras culturas, ainda não elaborados no cristianismo. Assim, integrou conceitos de outras religiões e, quando necessário, adequou-os aos seus pressupostos. É como o enxerto de um galho, que produz frutos do seu tipo, e não dos da árvore de cuja seiva ele vive (Burkhardt, 1994, p. 1950).

Portanto, o sincretismo relaciona-se com junção, fusão e mistura. Ferretti (1995, p. 91) explica que é possível acrescentar esse termo a outros relacionados, com destaque para três variantes principais que partem do zero, ou seja, de uma situação em que não existe sincretismo, pois observamos a total separação entre as religiões. Tais termos relacionados podem ser: *mistura, junção* ou *fusão*; *paralelismo* ou *justaposição*; *convergência* ou *adaptação*.

Por outro lado, também podemos entender o sincretismo como uma simbiose que mistura elementos originários de encontros culturais e religiosos, provocando o surgimento de uma nova cultura, que carrega em si características advindas das culturas que a geraram.

> **PRESTE ATENÇÃO!**
> *Simbiose* é a "associação íntima entre duas pessoas ou culturas" (Houaiss; Villar, 2001, p. 2572).

Ferretti (1995) defende que os povos oprimidos viam na religião uma forma de manifestarem sua resistência. Tal ideia é admitida principalmente nas religiões afro-brasileiras, em que era "a noção de religião considerada como foco de resistência cultural e de preservação da identidade étnica" (Ferretti, 1995, p. 95).

Algumas das formas mais criativas do sincretismo nasceram da diáspora africana nas Américas (Canevacci, 1996, p. 15). Os escravos viam-se impelidos a considerar a sua conversão ao catolicismo, mas, por meio do sincretismo, inseriam suas divindades e suas tradições religiosas nas entranhas das religiões dominantes, conforme demonstramos no Quadro 1.1.

> **Preste atenção!**
> *Diáspora* é a dispersão de um povo em consequência de preconceito ou perseguição política, religiosa ou étnica (Houaiss; Villar, 2001, p. 1033).

Quadro 1.1 – Divindades africanas e sua correspondência no catolicismo

Divindade africana	Características	Representação no catolicismo
Oxum	Responsável pela fecundação, zelador das criancinhas e senhor das águas interiores.	Nossa Senhora Aparecida, padroeira do Brasil.
Iemanjá	Mãe dos orixás e orixá da criação, educação, vida em família; senhora dos mares e oceanos.	Nossa Senhora dos Navegantes.
Iansã	Orixá guerreira, senhora dos ventos e das tempestades.	Santa Bárbara.
Ogum	Senhor da guerra, responsável pelo desenvolvimento tecnológico, irmão mais velho de Exu.	São Jorge.
Exu	Mensageiro entre os orixás e os homens, o guardião das pessoas e das casas. É o movimento, a transformação, a ira dos homens e dos orixás, senhor da força que ultrapassa os limites e faz ligação entre áreas. É conhecido por *compadre* e tenta satisfazer todas as vontades dos seus seguidores.	Satanás.

Fonte: Elaborado com base em Santos, 2011.

O sincretismo não faz do candomblé uma experiência menor em relação às outras religiões. Além disso, a lógica que tenta negar ou desfocar a espiritualidade africanista da realidade da escravidão, ainda que o faça com as intenções mencionadas, traz um prejuízo ao povo afrodescendente, influenciado pelo conjunto de ideologias que visam a sua alienação histórica (Santos, 2011, p. 25). A força da resistência africana para manter sua religiosidade, mesmo com os processos de ressignificação, permitiu a sobrevivência da sua cultura religiosa.

> **PRESTE ATENÇÃO!**
> *Ressignificação* é o método utilizado para fazer com que pessoas possam atribuir novo significado a acontecimentos, por meio da mudança de sua visão de mundo (Santos, 2011).

A essência da diferença entre aculturação e sincretismo reside no fato de que, na mistura cultural, a aculturação perde parte de sua identidade; no sincretismo, a identidade cultural ainda existe, mas passa a assumir outra roupagem (Santos, 2011, p. 25).

> **PRESTE ATENÇÃO!**
> *Aculturação* é a "fusão de culturas decorrente de contato continuado" (Houaiss; Villar, 2001, p. 75).

No Brasil, ocorreu um hibridismo que nos dá identidade e pode ser a nossa contribuição específica para o mundo. Aprendemos a fundir códigos de uma maneira alegre e festiva, o que gerou uma profunda confraternização de valores e sentimentos das culturas religiosas que compõem o país (Brito, 2017, p. 28). Hoje, convivemos com uma mistura de códigos e pessoas que criou um mundo propício à troca generalizada. Houve um favorecimento do diálogo, o que nos torna abertos a acordos e conciliações.

> **Preste atenção!**
> *Hibridismo* é o processo de formação de palavras por elementos pertencentes a outras línguas. Também pode ser aplicado às culturas, às religiões e à identidade de pessoas ou grupos (Houaiss; Villar, 2001).

Dessa forma, o sonho de um mundo harmônico parece produzir alguns resultados concretos em terras brasileiras. Mesmo que apenas indícios de um mundo melhor sejam encontrados, eles podem dar esperança para aqueles que sonham com um mundo baseado no respeito intercultural.

1.5 Distinções das influências culturais no campo religioso

As abordagens dos fenômenos religiosos têm sido diversificadas. Ultimamente, há muitos estudos que integram a religião à cultura circundante. A antropologia, muitas vezes, entende os fenômenos sob um prisma fortemente marcado por uma etnia. Desse modo, a influência da cultura tem sido cada vez mais reconhecida.

A consulta de Willowbank (Comissão de Lausanne, 1983, p. 4-5) definiu *cultura* como:

> um sistema integrado de crenças (sobre Deus, a realidade e o significado da vida), de valores (sobre o que é verdadeiro, bom, formoso e normativo), de costumes (como nos comportar, nos relacionar com os outros, falar, orar, vestir, trabalhar, jogar, fazer comércio, comer, realizar tarefas agrícolas etc.), e de instituições que expressam ditas crenças, valores e costumes (governo, tribunais, templos ou igrejas, família, escolas, hospitais, fábricas, negócios, sindicatos, clubes etc.), que unem a sociedade e lhe proporcionam um sentido de identidade, de dignidade, de segurança e de continuidade.

Por definição, a cultura afeta toda a vida dos seres humanos. Geralmente, a expansão das religiões produz intercâmbio de culturas. A linguagem, as formas de pensamento, os símbolos artísticos e a música, em regra, estão relacionados às práticas religiosas.

A comunicação de um conteúdo religioso geralmente se dá por um processo de contextualização, indigenização e enculturação (Stott; Meeking, 1988, p. 67-69).

As religiões são cada vez mais estudadas culturalmente, e é cada vez mais evidente "a diversidade no **interior** das religiões" (Eller, 2018, p. 16). Suas crenças e suas práticas são pesquisadas e "distribuídas no espaço e no tempo" (Eller, 2018, p. 16). A própria questão da linguagem é muito relevante no campo religioso e indica a dimensão diversificada existente. Toda terminologia muda de sentido, conforme o contexto e as experiências religiosas. O caráter local das religiões é internamente multiforme: há um amontoado de variações locais (Eller, 2018).

Tudo isso exige a distinção das variadas influências culturais nos inúmeros campos religiosos. O estudo antropológico é, portanto, um grande desafio para o diálogo inter-religioso.

Síntese

Vimos, neste capítulo, que as religiões geralmente procuram a valorização dos seres humanos, bem como a promoção da sustentabilidade e a preservação do ecossistema.

Começamos com a definição de *diálogo* como meio de legitimação do outro e da boa vontade para entender suas razões.

Depois, vimos o conceito de *diálogo ecumênico*, que visa à colaboração entre as denominações religiosas diversas que compõem o cristianismo.

No passo seguinte, tratamos da expansão do diálogo inter-religioso, que gerou várias formas de aproximação entre as religiões.

Outro conceito que analisamos foi o de *sincretismo*, com suas várias ênfases.

Por último, vimos a necessidade de algumas distinções relacionadas às influências culturais no campo religioso e definimos o conceito de *cultura*, já que as religiões precisam ser entendidas no tempo e no espaço.

ATIVIDADES DE AUTOAVALIAÇÃO

1. Alvin Toffler já defendia, em 1970, que a linguagem humana é transitória. As imagens da realidade estavam se transformando muito rapidamente, de forma que os códigos humanos cambiavam aceleradamente. Toffler advogou que, se Shakespeare aparecesse em Londres, entenderia apenas cinco de cada nove palavras do vocabulário inglês. Para Toffler (1998), Shakespeare, nesse contexto:
   A) seria um semianalfabeto.
   B) teria dificuldades de compreender a língua.
   C) teria vocabulário apenas em sua língua nativa, o alemão.
   D) teria dificuldades com a língua espanhola.
   E) optaria por ficar em silêncio, devido ao medo de não ser entendido.

2. Como podemos definir um diálogo?
   A) É um modo humilde de nos comunicarmos com aqueles seres humanos que são diferentes de nós.
   B) É um determinado modo de pensamento que deve ser igual para todos.
   C) É uma forma de monólogo.
   D) É um método que não transforma.
   E) É uma conversa psicanalítica consigo mesmo.

3. Na filosofia grega, com Sócrates, Platão e Aristóteles, a arte da conversação por meio de perguntas e respostas tornou-se

o caminho do surgimento das ideias puras. O diálogo era visto por eles como a única possibilidade de chegar:
A] à maiêutica.
B] à dialética.
C] à língua grega.
D] ao *lógos*.
E] à imposição sobre os demais seres.

4. Qual o tipo de diálogo, proveniente do termo grego *oikuméne*, que significa "o mundo habitado, de caráter geral, universal" (Bauer, 1979, p. 561), passou a ser usado em sentido eclesiástico, no século IV d.C., para distinguir os concílios de toda a Igreja (Niceia, Constantinopla etc.) dos concílios regionais?
A] Diálogo ecumênico.
B] Diálogo papal.
C] Diálogo tradicional.
D] Diálogo metodista.
E] Diálogo com a sociedade do cristianismo.

5. As conferências missionárias continentais, que assentaram as bases para o desenvolvimento da ação missionária nos campos missionários em todo o mundo, influíram na formação dos missionários bem como no estabelecimento das conferências missionárias mundiais. Sobre isso, marque com (V) as assertivas verdadeiras e com (F) as falsas.
[ ] A Conferência de Edimburgo (em 1910), bem como as posteriores, do Conselho Missionário Internacional (a partir de 1921) e do Conselho Mundial de Igrejas (a partir de 1948), tiveram influência na formação dos missionários.
[ ] As conferências missionárias europeias, que tiveram início em 1866, agruparam as missões germânica, escandinava, holandesa, dinamarquesa, sueca e finlandesa.

[ ] A Sociedade Bíblica Britânica estimulou a criação de sociedades bíblicas em vários países europeus por meio da união de esforços interconfessionais.
[ ] Ludwig Feuerbach (1804-1872), crítico da religião que influenciou Marx, Freud e Nietzsche, defendia que os deuses (e, consequentemente, o culto a eles) foram criados à imagem e semelhança dos seres humanos.
[ ] O movimento missionário somente produziu mais separação entre os cristãos.

Agora, assinale a alternativa que apresenta a sequência correta:

A] V, F, F, V, F.
B] F, V, V, F, F.
C] V, F, F, F, F.
D] V, F, V, F, F.
E] V, V, V, V, F.

Atividades de aprendizagem

Questões para reflexão

1. Cada vez mais, no decorrer do século XX d.C., a unidade da Igreja passou a ser vista como essencial para que o testemunho cristão seja eficiente. Acredita-se que o mundo virá a crer se enxergar a união e o amor existente entre os que seguem Cristo. Qual a sua opinião quanto à unidade da Igreja nos dias atuais?
2. Temos, na mensagem bíblica, a afirmação de que Deus entra em diálogo com os seres humanos. Ele não somente fala, mas também escuta. Ele faz perguntas e espera as nossas respostas. Nesse sentido, reflita sobre as suas experiências com o sagrado.
3. Quando praticamos o diálogo inter-religioso, precisamos nos aperceber das semelhanças existentes entre as religiões, do papel que estas desempenham na vida social e política e como são importantes no desenvolvimento pessoal dos seres

humanos. As religiões respondem a perguntas existenciais? Conferem significado à existência humana? Pesquise mais sobre o diálogo inter-religioso.

Atividade aplicada: prática

1. O diálogo como monólogo inter-religioso trata do diálogo interior de pessoas que estão familiarizadas com duas religiões, de forma existencial e por meio da reflexão teológica. Mahatma Gandhi (1869-1948) viveu, na prática, essa necessidade no ambiente tenso da Índia do período colonial. Procure notícias sobre Gandhi nos jornais eletrônicos e responda às seguintes questões:

   A] Ele almejou a independência da Índia, a unidade hindu-muçulmana e a extinção do sistema de castas? Justifique sua resposta.

   B] Por causa da intolerância religiosa de líderes indianos, o que Gandhi conseguiu alcançar?

   C] A tensão entre muçulmanos e hinduístas levou à separação do Paquistão?

DIÁLOGO INTER-RELIGIOSO NA BÍBLIA

Dialogar, do grego *dialégomai*, iniciou com o sentido básico de "conversar", passando ao de "negociar", "dirigir-se" a e "falar". Na tradução grega do Antigo Testamento (Septuaginta) ganhou o sentido de "discutir com" em Juízes, 8: 1.

O sentido de "negociar" aparece em Êxodo, 6: 27, em que nos é dito que Moisés e Aarão negociaram com o faraó a saída dos israelitas do Egito. O historiador judaico Josefo também usa o termo no sentido de "discutir" (Schrenk, 1935, p. 94).

O interesse de Deus em dialogar aparece logo no início do livro de Gênesis, no Antigo Testamento dos judeus, quando Deus pergunta: "Adão onde estás?" (Bíblia. Gênesis, 2009, 3: 9). Ele quer ouvir o que o ser humano tem a dizer.

O termo grego *dialogídzomai* ganhou o significado de "ponderar" nos evangelhos de Marcos e Lucas, bem como um segundo significado, o de "tratar um assunto" (Schrenk, 1935, p. 95-98).

Agora, vamos estudar algumas personagens bíblicas sob a ótica do diálogo inter-religioso.

2.1 Personagens bíblicas e o diálogo inter-religioso

Abraão é o personagem-chave da história das religiões, pois serve de base para os três mais importantes agrupamentos monoteístas. A versão bíblica sobre ele mostra uma visão que vai muito além de uma religiosidade apenas familiar, da sua tribo ou da sua etnia. Abraão recebeu a ordem divina de sair da sua terra, da sua família e da sua nação.

Essa ruptura com seu passado e suas raízes, bem como a posterior migração a algo completamente novo, foi descrita como baseada não só na promessa divina de descendência e de concessão de terra à descendência, mas também de uma forma aberta a todos os povos. O livro de Gênesis, 12: 2-3, comenta que, em Abraão, seriam abençoados todos os povos da terra. Foi necessário um ato de fé de Abraão, de desprendimento (morou em tendas junto com seus descendentes) e de esperança (Bíblia. Hebreus, 2009, 11: 8-10).

Os relatos bíblicos sobre a vida de Abraão também introduzem a dimensão da lei moral na história da humanidade, a qual foi se desenvolvendo progressivamente.

Os teólogos chamam de *aliança abraâmica* a esse conjunto de promessas entre Deus e um indivíduo específico. Aquilo que ocorreu entre Abraão e **Melquisedeque** marcou o início do que os teólogos chamam de *revelação especial* (Richardson, 1986, p. 22)

Antes de enviar Abraão ao seu novo destino, como "uma benção a todas as famílias da terra", o divino guiou-o até uma região desconhecida, habitada por diversas tribos que abrangiam diferentes clãs e famílias, como: cananeus, queneus, quenezeus, cadmoneus, heteus, ferezeus, refains, amorreus, girgaseus e jebuseus (Bíblia. Gênesis, 2009, 15: 19). Além desses dez povos, aproximadamente outros 30, espalhados do Egito até a Caldeia, são mencionados pelo nome nos primeiros 36 capítulos de Gênesis, primeiro livro da revelação judaica (Richardson, 1986, p. 23).

A obediência de Abraão produziu nele uma grandeza não humana, consequência da benção espiritual. Herdar essa grande benção não é uma questão genética e hereditária, mas sim um resultado da prática espiritual (Bíblia. João, 2009, 8: 39-42), que produz frutos dignos (Bíblia. Mateus, 2009, 3: 7-10).

A apropriação da benção divina se deu antes do desenvolvimento dos ritos geradores do judaísmo. Podemos perceber em Gênesis, 12: 7-8, que a manifestação do divino a Abraão é anterior à lei da circuncisão, a marca judaica para o início da aliança de Deus com o homem.

> **Preste atenção!**
> *Circuncisão* é a "retirada cirúrgica do prepúcio"; passou a ser praticada por razões religiosas e se tornou rito característico de adesão ao judaísmo (Houaiss; Villar, 2001, p. 728).

Javé se revela a Abraão, fazendo com ele uma aliança, e Abraão constrói um altar para Javé em Betel (Sheridan, 2005). O divino não se restringe à ritualística, à etnia, à nacionalidade nem à religião instituída.

> **Preste atenção!**
> O termo *ritualístico* refere-se ao que é próprio do ritual religioso (Houaiss; Villar, 2001, p. 2463).

Em Gênesis, 14: 18, Abraão bendisse a Melquisedeque, que não se sabe exatamente de onde provém geográfica ou genealogicamente. Aquele que Deus enviaria seria sacerdote para sempre de acordo com a ordem de Melquisedeque (Bíblia. Salmos, 2009, 110: 4), e não segundo a ordem de **Aarão**, a qual gerou o judaísmo. Para

Agostinho, isso é uma antecipação do que seria feito em Cristo. Abraão se apresentou mais humilde com a concessão de dízimos a Melquisedeque, o rei da justiça e da paz (Sheridan, 2005, p. 82).

O encontro de Abraão com Melquisedeque adquiriu caráter cultual. Melquisedeque reconheceu e honrou a vitória de Abraão. Westermann (1981, p. 225-227) interpreta o acontecimento como uma forma de legitimação, para dar base às renovações cúlticas da época de Davi, o que demonstra que o autor considera o conteúdo, não histórico e fruto de um trabalho de escrivaninha do período posterior ao exílio, comparável a escritos judaicos antigos.

> **Preste atenção!**
> O termo *cúltico* refere-se ao que é relacionado ao culto da divindade.

Westermann (1981) parte do princípio de que não poderia haver dízimo antes da existência do sacerdócio e das instituições cúlticas. Melquisedeque é que age e fala, e Abraão fica em silêncio completo. Este somente reconheceu a honra sacerdotal do rei Melquisedeque por meio da concessão do dízimo. O texto sobre Melquisedeque está vinculado à guerra de libertação experimentada por Abraão nos versos anteriores.

> **Curiosidade**
> O nome do rei é composto da mesma forma que o do rei canaanita mencionado em Josué, 10: 1 – *Adoni-Zedeque*, que significa "meu senhor é justo". Ambos podem ter o mesmo nome: *Zadiq* ("nome de um deus"). Dessa mesma, da raiz *Zadiq* procede o nome do sacerdote israelita Zadoque de Jerusalém, na época de Davi, bem como o do rei Zedequias. Melek procedeu também do nome da divindade, especialmente o nome do deus cananeu chamado *Moloque*, frequente no Antigo Testamento, como em Jeremias,

32: 35. Acompanhou também um nome fenício com as mesmas consoantes (Westermann, 1981).

Melquisedeque foi mencionado como *sacerdote de El eljõn* (sacerdote do deus altíssimo). *El* é a mais antiga e a mais propagada designação semítica de *deus*. Uma divindade cananeia foi assim designada, porém, da mesma forma que se falava sobre ela, Abraão conseguia reconhecê-la.

> **Preste atenção!**
> O termo *semítico* refere-se a *semitas*, ou seja, aos descendentes de Sem, filho de Noé, que teria dado origem aos judeus (semitas).

A designação da divindade *sacerdote de El eljõn* era tida como apropriada. Dessa forma, a palavra cananeia *El* foi absorvida no Antigo Testamento, tanto que *El* podia ser identificado com *Javé*, que é louvado nos Salmos como *o Deus altíssimo* (Bíblia. Salmos, 2009, 18: 14; 46: 5; 48: 2; 78: 54), ocasiões nas quais transparece que esse predicado é utilizado para Deus, especialmente no culto em Jerusalém.

Melquisedeque foi chamado de *rei* e *sacerdote*. Assim, os reis posteriores, **Davi** e **Salomão**, desempenharam funções sacras, como descrito em 1 Reis, 8.

Em Gênesis, 14: 18, Melquisedeque trouxe pão e vinho da sua cidade e do seu templo para servir a Abraão e o abençoar. Com isso, ele o hospedou de uma forma real e pacífica e o abençoou em nome do seu Deus. A benção se propagou em Gênesis, 14: 18-20, 27, 49. Uma forma cananeia específica de culto, aceita pela tradição judaica, torna-se forma de expressar o Deus criador do céu e da terra (Westermann, 1981, p. 241-243).

Logo, Abraão recebeu as bênçãos e as dádivas do sacerdote-rei, bem como o reconheceu como sacerdote e sagrado por meio da doação do dízimo a ele, o qual legitima a função sacerdotal de Melquisedeque. Assim, Gênesis, 14, concedeu a Abraão um significado histórico universal, que lhe foi dado pelo sacerdote do Deus altíssimo e, desse modo, a nova forma de culto e a universalidade da benção estão fundamentadas na tradição de Melquisedeque. Certamente, isso fortalece a concepção de diálogo inter-religioso, visto que há uma incorporação pacífica da visão canaanita por parte dos israelitas (Westermann, 1981, p. 244-246).

Em Gênesis, 18: 1-15, Abraão acolheu três estrangeiros, o que mostra a virtude da hospitalidade. Os intérpretes Orígenes, Ambrósio de Milão e Cesáreo de Arlés, vinculados à interpretação alegórica, a partir do século III d.C., viram nesses estrangeiros a prefiguração da doutrina da trindade e do sacrifício de Cristo (Sheridan, 2005, p. 122).

> **PRESTE ATENÇÃO!**
> *Prefiguração* corresponde ao ato de prefigurar; é a representação de uma coisa que ainda está por vir (Houaiss; Villar, 2001, p. 2284).

Desse texto, podemos destacar a hospitalidade de Abraão quanto àqueles que são diferentes. Os três peregrinos são bem recebidos e têm toda a atenção de Abraão, cuja disposição de ânimo é marcante. Após essa recepção, que demonstra abertura e atitude de servir, estabelece-se um direito de acolhimento. No entanto, esse acolhimento hospitaleiro, demonstrado por Abraão, não se manifestou futuramente na sua esposa Sara.

Quando o seu filho Isaque foi desmamado, Sara viu que o filho que Abraão teve com a escrava a pedido dela, chamado *Ismael*, caçoava de Isaque (Bíblia. Gênesis, 2009, 21: 9). Alguns comentaristas traduzem a palavra hebraica *metsacheq*, "caçoava", como "brincava com" e concluem que a declaração de Sara, apresentada no verso seguinte do texto, foi resultado de ciúmes ou desprezo devido ao orgulho (Westermann, 1981, p. 413-415); julgam que ela não conseguia suportar o pensamento de que Ismael participasse da herança de Abraão. Outros explicam essa passagem à luz da explanação de Paulo de que Ismael foi expulso da casa de seu pai por perseguir Isaque (Bíblia. Gálatas, 2009, 4: 29-30).

Além disso, o verbo hebraico *metsacheq*, "caçoava", vem da mesma raiz que *isaque*, ou seja, do verbo rir. Usado de forma intensiva, porém, o verbo expressa algo mais do que simplesmente "dar risadas": significa "ridicularizar". Estas são as considerações apresentadas por Westermann, o mais conceituado comentarista do livro de Gênesis no mundo.

Sem dúvida, Ismael sempre considerou a si mesmo como o filho mais velho e herdeiro de Abraão. Contudo, o nascimento de Isaque e a festa por ocasião de seu desmame tornaram claro que o filho de Sara tomaria o lugar de Ismael, o que despertou o ciúme da esposa de Abraão. Assim, ela exige que o esposo rejeite a escrava Agar. As palavras de Sara, que refletem ciúme e desprezo, dificilmente seriam apropriadas para quem, justamente, havia sugerido o casamento de Agar com Abraão (Bíblia. Gênesis, 2009, 16: 2-3). Sara tinha o direito de exigir que o *status* de seu próprio filho fosse legalmente esclarecido, a fim de que não surgisse nenhuma dúvida após a morte de Abraão. Portanto, solicitou ao marido que mandasse Agar embora e deserdasse Ismael.

Essa situação revela conceitos de superioridade de casta e relação escravagista. Abraão não compartilhava desses sentimentos nem questionava as prerrogativas de Isaque como herdeiro prometido, mas Ismael também era seu filho. Durante anos, Abraão havia acreditado que Isaque era o herdeiro e, por fim, atendeu ao pedido de Sara.

Do ponto de vista humano, parece estranho que Deus aprovasse o pedido egoísta de Sara. Deus abençoou Ismael (Bíblia. Gênesis,

2009, 16: 10; 21: 13) e não censurou diretamente Abraão por causa de Agar.

Ao tomar a escrava, Abraão não havia buscado o conselho de Deus, e esse ato impensado tornou necessária a expulsão de um filho a quem ele ternamente amava. Deus também confortou Abraão com a certeza de que Ismael, como seu descendente, também partilharia da promessa feita a ele de que se tornaria uma grande nação.

Em Gênesis, 21: 10, Sara desconsidera o filho da escrava para que não herdasse o que pertencia a Abraão. A expulsão de um de seus filhos deve ter significado um intenso sofrimento para Abraão.

Por fim, esse texto da Bíblia abre as portas para variadas interpretações. O judaísmo apoia a visão de que a linhagem abençoada passa por Isaque, e o islamismo defende que a promessa se manteve por intermédio de Ismael. O desenvolvimento de uma interpretação alegórica das vidas de Abraão e sua família foi introduzido pelo judeu Filo de Alexandria, que interpretou as passagens de Gênesis com base em ideias gregas, dando-lhes uma leitura moral. A interpretação desenvolvida por Filo foi absorvida por Clemente de Alexandria, Orígenes, Eusébio, Jerônimo e Ambrósio de Milão (Sheridan, 2005, p. 24).

> **PRESTE ATENÇÃO!**
> A interpretação alegórica parte do pressuposto de que o autor quer dizer mais do que o que escreveu literalmente (Houaiss; Villar, 2001, p. 146).

2.1.1 Melquisedeque

De acordo com Gênesis, 14: 18-20, Melquisedeque, descrito como *sacerdote do Deus altíssimo*, recebeu Abraão com pão e vinho, elementos que, mais tarde, se tornaram símbolos do sacrifício da Páscoa de Cristo, em representação do Seu corpo e do Seu sangue. Abraão, reconhecido por Melquisedeque como vencedor dos exércitos dos reis do Oriente, foi honrado como grande e poderoso príncipe. O acontecimento serve como legitimação e produção de uma renovação cúltica na época de Davi (Westermann, 1981, p. 225-226).

Melquisedeque trouxe, em suas mãos, alimento (pão) e refrigério (vinho) ao libertador Abraão e o recebeu como hóspede real em paz. Eram as mãos do sacerdote que traziam o alimento e a bebida, bem como a benção em nome de Deus. Assim, expressava-se o louvor a ele. À benção e ao louvor a Deus ficavam vinculados dois serviços religiosos: o salmo e a benção (Westermann, 1981, p. 242).

Abraão deu o dízimo a Melquisedeque e aceitou a benção e as dádivas do rei, reconhecendo-o como sacerdote e também a sua santidade, por meio do dízimo. Abraão recebeu a benção, a qual se estende até o momento atual. Com isso, ele, o pai do povo, recebeu um significado mundial. O caminho universal da benção se mostra no Antigo Testamento e alcança uma vasta interpretação em Hebreus, 7 (Westermann, 1981, p. 244).

No Novo Testamento, também em Hebreus, 7, foi estabelecida uma correlação entre o Filho de Deus e Melquisedeque. O autor utilizou o desconhecimento sobre a origem de Melquisedeque para acentuar o princípio da eternidade, "sacerdote para sempre" (Bíblia. Hebreus, 2009, 7: 3), e o princípio da sua superioridade (Bíblia. Salmos, 2009, 110: 4). A oferta do dízimo (Bíblia. Hebreus, 2009, 7: 7-9; Gênesis, 2009, 14: 18-20) sublinha ainda mais essa supremacia; é vista como a ilustração da nova aliança e das suas instituições e, assim, Abraão e Mesquisedeque são destacados como ilustrações das dimensões espirituais.

Melquisedeque não pertencia à genealogia de Abraão. Sendo assim, ele não tinha genealogia, que era um fator muito importante na dimensão religiosa judaica. Hoje, diríamos que ele não cabe no universo religioso do judaísmo por não ter vínculos históricos com a aliança marcada pela circuncisão.

> **PRESTE ATENÇÃO!**
> *Genealogia* é o "estudo que tem por objeto estabelecer a origem de um indivíduo ou de uma família" (Houaiss; Villar, 2001, p. 1440).

Melquisedeque não tinha nada em comum com o sacerdócio da lei, "nem oferecia oferendas e sacrifícios ao Deus altíssimo, nem exercia o ministério no templo de Jerusalém" (Heen; Krey, 2008, p. 154). Ele era o sacerdote dos gentios, sacerdote sem a lei (Heen; Krey, 2008, p. 155), por isso, não ofereceu vítimas, seguindo a lei, mas pão e vinho, prefigurando o mistério do sacrifício de Cristo (Heen; Krey, 2008, p. 156).

O Salmo 110 de Davi "sacerdote para sempre" tem grande significado teológico, por ser atribuída a Melquisedeque a validade perpétua. Assim, Cristo é descrito como sendo da ordem de Melquisedeque. Nesse contexto, observamos no versículo 4 que: "Jurou o Senhor e não se arrependerá: 'Tu és um sacerdote eterno, segundo a ordem de Melquisedeque'" (Bíblia. Salmos, 2009, 110: 4). Esse é o mesmo Senhor que, no versículo 1, falou com o Senhor de Davi (o verbo preexistente); é o mesmo ser. Certamente isso ajuda a identificar esse misterioso personagem do Antigo Testamento.

> **CURIOSIDADE**
> O nome *Melquisedeque* é uma combinação de duas outras palavras dos cananeus: *melchi (rei)* e *zadok (justiça)*. Um "rei de justiça" entre os cananeus, famosos pela sua idolatria, pelo sacrifício de crianças, pelo homossexualismo legalizado e pela prostituição no templo? Com certeza, Melquisedeque recebeu um nome completamente impróprio (Richardson, 1986).

Melquisedeque tem sido interpretado como exemplo da revelação geral de Deus, sem pressupor a revelação especial contida na Bíblia. É a "designação dada à consciência universal da existência de um Deus único, entre as diversidades de expressões culturais e religiosas dos diferentes povos e civilizações ao longo da história" (Richardson, 1986, p. 25). O livro de Richardson (1986) trata da apresentação de Melquisedeque no Vale de Savé como um símbolo ou tipo da revelação geral de Deus à humanidade; Abraão, por sua vez, representa a revelação especial de Deus à humanidade, baseada na aliança registrada no cânon. A revelação geral de Deus é superior à revelação especial de duas maneiras: ela é mais antiga e influencia cem por cento da humanidade (Bíblia. Salmos, 2009, 19) no lugar de apenas uma pequena porcentagem! Assim, era apropriado que Abraão, como representante de um tipo de revelação mais recente e menos universal, pagasse o dízimo de reconhecimento ao representante da revelação geral (Richardson, 1986, p. 26). Desse modo, o livro foi a tentativa de traçar, por meio da história, alguns exemplos da magnífica interação entre o fator *Melquisedeque* – a revelação **geral** de Deus – e o fator *Abraão* – a revelação **especial** de Deus (Richardson, 1986, p. 27).

Para Richardson (1986), o indígena Pachacuti era um daqueles exploradores espirituais que, nas palavras de Paulo, buscou, tateou e encontrou um deus muito superior a qualquer deus popular de sua própria cultura (Bíblia. Atos dos Apóstolos, 2009, 17: 27). Pachacuti não deixou o Deus que descobrira na categoria de *desconhecido*. Ele o identificou pelo nome – e, mais ainda, a possibilidade desse evento foi prevista pelo apóstolo Paulo, quando escreveu que Deus, no passado, "permitiu que todos os povos andassem nos seus próprios caminhos; contudo, não se deixou ficar sem testemunho (Atos 14.16-17)" (Richardson, 1986, p. 30).

Ao fingir que agia em nome de Deus, Pizarro, o conquistador espanhol, aproximou-se do Peru pelo mar e tirou partido das esperanças incas monoteístas, destruindo tanto estes como o seu império (Richardson, 1986, p. 33). Ainda antes de Pizarro, Hernando Cortez aproveitou-se de expectativas semelhantes entre os astecas e acabou com eles. Os astecas e incas não teriam se curvado diante de Cortez e Pizarro como cumpridores de suas lendas, uma vez que elas já tinham sido cumpridas! Assim, os impérios maia, asteca e inca talvez tivessem sobrevivido até hoje. Isso atesta o valor daquilo que Richardson (1986) chamou de *fator Melquisedeque* e serviria como base para uma forma distinta de relação entre os cristãos e a mentalidade dos indígenas latino-americanos.

Melquisedeque representa aquele que é nossa justiça e nossa paz. Exercia um sacerdócio para todas as nações (Heen; Krey, 2008, p. 164). A superioridade dele se manifestou pela concessão, a ele, do dízimo de Abraão (Heen; Krey, 2008, p. 168).

Na literatura bíblica, o diálogo como método literário foi utilizado, em sua totalidade, apenas no livro de Jó. Em outros textos bíblicos, foi usado como meio apenas esporadicamente (Fitzer, 1962, p. 339).

2.1.2 Profetas do Antigo Testamento

Isaías foi um profeta que valorizou o diálogo inter-religioso, e a sua mensagem abrange bem mais do que somente o povo de Israel. A profecia relatada em Isaías, 19: 23-25, envolve positivamente o Egito, onde havia sinal da presença de Javé, que se deu a conhecer (Bíblia. Isaías, 2009, 19: 21) e ali foi adorado.

A misericórdia de Deus sarou o povo egípcio, e a extensão do povo de Deus se deu por toda a terra. O Egito foi, então, descrito por Javé como *meu povo*, a Assíria como *obra de minhas mãos* e Israel como *minha herança* (Bíblia. Isaías, 2009, 19: 25).

Agostinho de Hipona, também conhecido no catolicismo como *Santo Agostinho*, ao comentar esse texto, no século V d.C., manifestou que a Igreja de Cristo "pereceu entre as demais nações e permaneceu somente na África, como se devesse ter outra origem, isto é, não Jerusalém, senão Cartago, onde suscitaram outra vez um bispo" (Agostinho de Hipona, citado por Mckinion, 2007, p. 201).

O Senhor se deu a conhecer aos egípcios (Bíblia. Isaías, 2009, 19: 21). "Naquele dia, Israel será o terceiro com os egípcios e os assírios, uma benção no meio da terra" (Bíblia. Isaías, 2009, 19: 24). A partir de então, nações inimigas passaram a se respeitar e a se valorizar de uma forma solidária.

Por outro lado, Isaías, 42: 6, fala daquele que é a "luz para os gentios". Entende-se esse anúncio como cumprido na pessoa de Jesus, quando Deus Pai foi reconhecido por meio do Filho.

Assim, o acesso à bondade de Deus se tornou disponível a todas as nações, o diálogo se universalizou e se tornou acessível a todos.

2.1.3 Relatos sobre Jesus Cristo

Os relatos sobre Jesus manifestam a dimensão universal e dialogal da fé, quando Ele disse que sua residência deveria ser casa de oração para todos os povos.

Ao concluir o famoso Sermão do Monte, em Mateus, de 7: 24 a 8: 13, Jesus incluiu os estrangeiros no reino dos céus, à mesa com Abraão, Isaque e Jacó, ao passo que muitos filhos do reino (israelitas) seriam lançados fora, nas trevas (Bíblia. Mateus, 2009, 8: 11-12).

A fé do centurião romano indica a fé em Jesus Cristo

> destinada a ser demonstrada por gentios em todas as regiões do mundo. A fé que esses gentios possuíram conquistaria para eles lugares no banquete do Messias, quando seu reino fosse finalmente estabelecido, os mesmos lugares perdidos pelos **filhos do reino**, que pensavam que tinham direito natural aos seus privilégios, mas que seriam deixados fora, nas trevas. (Tasker, 1985, p. 71, grifo do original)

Os pastores das proximidades vieram ver Jesus, e os magos vieram de longe para adorá-lo, por isso, os gentios são os primeiros no reino.

Cristo mostrou "que os judeus estavam a ponto de deixar de ser, em sentido espiritual, sua família, e a multidão dos pagãos tomaria o seu lugar. Disse que muitos que receberam a chamada viriam do Oriente e do Ocidente e do norte e do sul. Eles descansarão com os santos" (Cirilo de Alexandria, citado por Just Jr., 2006, p. 319-320).

Os relatos sobre Jesus mostram, portanto, que o reino de Deus é aberto a todos. Há muita surpresa na composição do banquete final do qual Jesus fala. Assim, a abertura ao diálogo deve existir entre os cristãos e nada autoriza uma prepotência espiritual. A separação entre o joio e o trigo não é tarefa atribuída ao ser humano.

Na relação entre Jesus e os samaritanos, percebemos a abertura Daquele para outras culturas e experiências. Ele se dirigiu à região gentílica de Samaria, narrada em João, 4, que era uma região criada pelos assírios depois da conquista de Israel, os quais transplantaram estrangeiros entre os israelitas (Elowsky, 2012, p. 216).

Jesus beneficiou os samaritanos ao mostrar que eles reconheceram a verdade quando esteve de passagem por lá. Entre os judeus, mesmo com uma prolongada estadia, a Sua presença e os Seus ensinamentos não deram resultado (Elowsky, 2012, p. 219).

Os samaritanos reivindicavam que o patriarca Jacó era o seu pai, e assim legitimavam as suas tradições religiosas. O poço utilizado pela mulher samaritana tinha a fama de ser o melhor daquela região, exatamente por ter sido construído por esse patriarca (Bíblia. João, 2009, 4: 12-13). Jesus se contrapõe às tradições samaritanas, em que teria de ofertar água que jorra para a vida eterna. O Evangelho de João descreve a samaritana como mais receptiva que Nicodemos, o destacado e rico membro do Sinédrio de Jerusalém (Elowsky, 2012, p. 231). Os dois relatos são apresentados em João, 3; 4.

Na conversa com a samaritana, Jesus relativizou os santuários judeus e os samaritanos ao afirmar que o que importa não é o local, mas a adoração em espírito e verdade (Bíblia. João, 2009, 4: 23), e ao descrever Deus como ilimitado. Em João, 4: 20-23, Jesus anunciou à samaritana que a salvação procede dos judeus, porém não é só para eles. Diz que nem os santuários judeus, nem os samaritanos sobreviverão. Ele "é honrado em todas as partes pelos que se aproximam a Ele com consciência pura e com reta intensão" (Elowsky, 2012, p. 233). "A pessoa ora no templo depois que ela mesma é transformada em templo", segundo Agostinho de Hipona (citado por Elowsky, 2012, p. 234).

Desse modo, a samaritana representa a esposa vinda dos gentios e a mulher das nações, a Igreja, que se prolonga muito além dos judeus, chegando à Samaria (Elowsky, 2012, p. 235).

LÓGOS, VERBO DIVINO

Em João, 1, ao falar sobre o *lógos*, o *verbo divino*, o apóstolo João, continuando a abordagem de Paulo baseada na mente filosófica dos gregos, apropriou-se de um termo filosófico favorito dos estoicos, *lógos*, como título para Jesus Cristo.

Heráclito foi o filósofo grego a usar, pela primeira vez, o termo *lógos*, por volta de 600 a.C., a fim de designar a razão ou o plano divino que coordena um universo em mudança. Nesse caso, *lógos* significa simplesmente "palavra". Os judeus enfatizaram o termo *memra*, que, em aramaico, também significa "palavra".

João considerou que o *lógos* grego e o *memra* judeu descrevem essencialmente a mesma verdade teológica válida, representando Jesus Cristo como o cumprimento de ambos, quando escreveu: "No princípio era o Verbo [Lógos], e o Verbo [Lógos] estava com Deus [Theos], e o Verbo [Lógos] era Deus [Theos]. E o Verbo [Lógos] se fez carne, e habitou entre nós" (Bíblia. João, 2009, 1: 1, 14). Com essa importante justaposição de ambos os termos gregos – *theos* e *lógos* – em relação a Elohim e Jesus Cristo, o cristianismo se apresentou como cumpridor, e não destruidor, de algo válido na filosofia grega! (Richardson, 1986).

Os gregos descobriram que esses termos filosóficos gregos ocasionais eram tão válidos quanto as metáforas messiânicas do Antigo Testamento, tais como *o cordeiro de Deus* e *o leão da tribo de Judá*. Portanto, usaram *theos* e *lógos* com igual liberdade, a fim de colocar a pessoa de Jesus Cristo no respectivo contexto das culturas judia e grega (Richardson, 1986).

2.1.4 Lucas

No texto de Lucas, 17: 17-19, que fala da cura dos dez leprosos, só o samaritano voltou para glorificar Jesus. Parece não ser por acaso ele ser o único que respondeu positivamente ao milagre de Deus em sua vida, ao voltar para agradecer a Jesus – que, então, lhe perguntou onde estavam os outros nove. Assim, de acordo com o versículo 18 de Lucas, 17, somente o estrangeiro voltou para dar glória a Deus, e o papel do estrangeiro é trabalhado positivamente nesse evangelho, bem como no livro de Atos dos Apóstolos.

Outro texto de Lucas, em Atos dos Apóstolos, 1: 8, mostra a superação de barreiras religiosas e culturais, já que os apóstolos deviam testemunhar o Evangelho de Cristo também na Samaria e nos confins da Terra, pois o plano de Deus envolvia toda a humanidade.

Estevão utilizou a história patriarcal para ilustrar o planejamento divino para a salvação de toda a humanidade (Bíblia. Atos dos Apóstolos, 2009, 7: 1-16).

No entanto, o eunuco mencionado em Atos dos Apóstolos, 8, foi o primeiro não judeu (gentio) a chegar à fé, o que demonstra o desejo de Deus de salvar todas as nações. Nesse relato, a Etiópia é incluída como o rincão de onde provinha um verdadeiro adorador de Deus, alguém que ardentemente queria entender as escrituras. Ele representava a rainha *Candace*, nome hebraico que podia significar "transformada", "cambiada" (Martin, 2011, p. 149). O eunuco não escondeu sua ignorância na compreensão do Antigo Testamento e, ao pedir para ser ensinado, reconheceu que necessitava ser ajudado e não foi arrogante. Ele era um estrangeiro montado em um carro brilhante (Martin, 2011, p. 150).

O livro de Atos dos Apóstolos, 10, descreve o encontro entre Pedro e Cornélio. Pedro teve a visão de que nenhuma pessoa é desprezível – todas são aceitas por Deus – e de que o reino de Deus deveria se propagar a todos os povos. Além disso, não haveria mais distinção entre circuncisos e incircuncisos (Martin, 2011, p. 181). Esse capítulo da Bíblia apresenta o problema concreto da comunhão de mesa entre judeus e não judeus, e comer com não judeus era visto como contaminação pelos judeus.

A comunhão de mesa é uma forma íntima de relação entre as pessoas, de participação de um na vida dos outros. Por isso, os judeus achavam que estariam abrindo mão de sua identidade se comessem com os gentios. Pedro, aparentemente, resolveu as dúvidas deles sobre o comer com gentios, por meio da visão que recebeu. Como o Espírito Santo veio sobre Cornélio, seus parentes e amigos íntimos, segundo a visão de Lucas (Bíblia. Atos dos Apóstolos, 2009, 10: 24; 44-46), Pedro comeu com eles (Bíblia. Atos dos Apóstolos, 2009, 11: 3).

Em Antioquia, na Síria, também havia comunhão de mesa. Quando Pedro chegou lá, aceitou comer com os gentios (Bíblia. Gálatas, 2: 11-14), porém, ao chegarem outros judeus, enviados de Jerusalém por Tiago, Pedro se ausentou da mesa comum por medo dos judeus. Então, passou a haver uma mesa para os judeus e outra para os gentios. Diante disso, Paulo confrontou Pedro pela sua postura medrosa (Bíblia. Gálatas, 2009, 2: 14-16).

> **CURIOSIDADE**
>
> Os crentes de Antioquia não eram passivos, "à espera do que venha de Jerusalém, senão que são crentes ativos, conscientes de sua própria responsabilidade missionária, não só para os gentios, senão até para com seus irmãos de Jerusalém" (Gonzalez, 1992, p. 186).

Em Antioquia, na Síria, havia no mínimo cinco pastores: Barnabé (natural de Chipre), Simeão Níger (africano), Lúcio de Cirene (então colônia grega e atual Líbia), Manaém, colaço de Herodes (criado com o tetrarca Herodes, da Galileia, portanto, alguém de boas condições financeiras), e Saulo (com vasta experiência transcultural, que havia vivido em Tarso, Jerusalém e dominava cinco línguas). Esse grupo de pessoas atesta a diversidade da liderança, o que indica certamente também a diversidade dos membros que compunham aquela Igreja. As culturas vivem à medida que entram em diálogo e, dessa forma, se renovam.

> **PRESTE ATENÇÃO!**
>
> *Colaço* é o termo que define a pessoa que, não sendo irmã de outra, foi amamentada com o leite da mesma mulher; é um irmão de leite (Houaiss; Villar, 2001, p. 757).
>
> *Tetrarca* é o "chefe ou governador de uma tetrarquia" (Houaiss; Villar, 2001, p. 2712).
>
> O termo *transcultural* refere-se a relações ou trocas entre culturas; algo que se estabelece entre culturas diferentes.

De acordo com o livro de Atos dos Apóstolos, 15: 20, 29, no Concílio de Jerusalém, a comunhão de mesa entre judeus e gentios cristãos foi a questão central dos debates. Em decorrência, o concílio optou pela solução intermediária, em que os gentios precisavam aceitar restrições alimentares, deixando de lado aqueles que repugnavam os judeus, o que permitia a organização de uma mesa comum.

2.1.5 Paulo

Segundo Gálatas, 1: 14, Paulo pertencia à elite intelectual; cresceu e foi educado com base nas exigências da lei de Deus e das tradições paternas, o que nos permite concluir que nasceu na diáspora judaica. Em casa, Paulo aprendeu aramaico e, na escola da sinagoga, hebraico. Ele também deve ter frequentado a escola grega, na qual passou pelas etapas primária, secundária e terciária (Hock, 2008, p. 172).

Na Bíblia, Paulo comenta que havia pregado o Evangelho a todos os guardas pretorianos, durante o tempo em que eles o vigiavam no cativeiro, em Roma (Bíblia. Filipenses, 2009, 1: 13), o que nos faz pressupor que a comunicação entre eles era em latim, uma vez que se exigia que os cidadãos romanos dominassem a língua latina (Ebel, 2012, p. 112). Contudo, é provável que também falasse siríaco, pois foi pastor junto com Barnabé em Antioquia (Bíblia. Atos dos Apóstolos, 2009, 13).

> **PRESTE ATENÇÃO!**
> O termo *pretoriano* refere-se à "guarda dos imperadores da Roma Antiga" (Houaiss; Villar, 2001, p. 2295).

Entre os judeus da diáspora, alguns obtiveram êxito no comércio e nos negócios e, nessa época, houve também o florescimento do estudo da Escritura e da tradição.

Depois da destruição do templo de Jerusalém, no ano 70 d.C., os escribas da Pérsia desempenharam um papel importante no desenvolvimento da tradição judaica. Não foi por acaso que o Talmude da Babilônia se tornou mais estimado que o da Palestina.

> **Preste atenção!**
> *Talmude* é "um dos livros básicos da religião judaica, contém a lei oral, a doutrina, a moral e as tradições dos judeus" (Houaiss; Villar, 2001, p. 2662).

Quanto à situação econômica de Paulo, a possibilidade de estudar em Jerusalém, sob a orientação de Gamaliel, exigiu a um judeu da diáspora investimentos financeiros significativos (Ebel, 2012, p. 113). Observamos, também, nas epístolas e nos Atos dos Apóstolos, que Paulo era economicamente independente, mas não necessariamente estável. Sobreviveu como fabricante de tendas (Bíblia. Atos dos Apóstolos, 2009, 18: 3) e, naturalmente, deve ter aprendido esse ofício com o seu pai, o que era comum naquela época. Paulo nasceu em Tarso, capital da província romana da Cilícia, atual Turquia, que era um centro governamental e, consequentemente, abrigava uma guarnição militar – isso significa que os exércitos precisavam de tendas, como acontece nos nossos dias atuais (Murphy-O'Connor, 2000, p. 67).

> **Preste atenção!**
> *Guarnição militar* é um corpo de tropas estacionado ou aquartelado em uma localidade ou em uma praça-forte (Houaiss; Villar, 2001, p. 1494).

Tarso era uma cidade bem antiga; já era citada em uma inscrição do rei babilônico Salmanaser III em 830 a.C. Após as várias campanhas realizadas por Alexandre Magno, a cidade fez parte, durante muito tempo, do reino da Síria, porém, no ano 66 a.C., foi incorporada ao Império Romano. Era uma cidade bem conhecida, famosa e um dos centros mais significativos da cultura helenística. Foi adotada como lar por filósofos e poetas, e alguns deles afirmavam até mesmo que ela competia com os mais famosos centros culturais, como Atenas e Alexandria.

Desde muito jovem, Paulo aprendeu que o mundo do Império Romano era particularmente rico em deuses e deusas, e em Tarso havia também templos dedicados a esses deuses.

Como judeu da diáspora, ele vivia em um mundo dominado pelas concepções pagãs. Todavia, parece quase impossível que não o tivessem influenciado de um modo ou de outro. Ao mesmo tempo, mesmo com a sua condição de judeu da diáspora, ele nunca perdeu a consciência de sua identidade judaica (Heyer, 2009, p. 20). Paulo valorizou as experiências diferentes das judaicas e, para não ser acusado de introduzir uma nova divindade, utilizou-se do que os próprios gregos proporcionavam, a fim de mostrar que eles mesmos anteciparam o que ele proclamava (Martin, 2011, p. 284).

O livro de Atos dos Apóstolos, 17, nos mostra Paulo se comunicando em um contexto de intelectualidade helênica, o que demonstra sua adaptabilidade ao mundo cultural greco-romano. Podemos perceber, portanto, que os filósofos gregos acentuavam a questão da imutabilidade divina; já Paulo enfatizava o tema da *acomodação divina* e considerava que "a visão paulina da adaptabilidade era integrada à sua visão da natureza e da função da conduta de Deus com os seres humanos" (Glad, 2008, p. 13-21). Paulo desenvolveu uma "perspectiva adaptativa e contextualizada por causa da natureza transitória das coisas e da percebida iminência do fim do mundo presente" (Glad, 2008, p. 22) e, simultaneamente, vivia em várias realidades culturais e religiosas (Gonzalez, 1992, p. 204).

Na abordagem dos atenienses, é possível, portanto, que não fosse *Theos*, mas o nome *Jesus*, pouco familiar, que tivesse levado os filósofos a pensar que Paulo estivesse pregando deuses estranhos. Talvez os atenienses também tivessem ficado espantados com a ideia de alguém querer introduzir mais um deus em Atenas, a capital mundial dos deuses. Em resumo, os atenienses devem ter sentido a necessidade de haver uma lista enorme de divindades já representadas em sua cidade (Richardson, 1986, p. 18).

Assim, Paulo utilizou

> uma fórmula-mestra para enfrentar problemas de comunicação transcultural, como o de Atenas. [...] [Ele] descobriu algo "no sistema" que não fazia parte "do" sistema – um altar que não se associava a qualquer ídolo! Um altar com a curiosa inscrição "Ao deus desconhecido".
>
> Paulo percebeu uma diferença de comunicação que provavelmente abriria as mentes e os corações daqueles filósofos estoicos e epicureus. Quando eles o convidaram para apresentar formalmente o seu ponto de vista num local mais próprio para uma discussão lógica, Paulo aceitou.
>
> [...]
>
> É possível que os membros da Sociedade do **Areópago** (Colina de Marte) também conhecessem a história de Epimênides através das obras de Platão, Aristóteles e outros. Eles devem ter ouvido admirados quando Paulo começou seu discurso naquela base **transcultural perceptiva**. Mas, esse apóstolo cristão, treinado pelo erudito judeu Gamaliel, poderia prender suficientemente a atenção de homens habituados à lógica de Platão e Aristóteles, a ponto de fazê-los compreender o Evangelho? (Richardson, 1986, p. 18, 20, grifo nosso)

PRESTE ATENÇÃO!

O termo *estoico* refere-se a *estoicismo*, uma escola de filosofia grega fundada em Atenas no início do século IV a.C. (Houaiss; Villar, 2001, p. 1257).

> O termo *epicureus* relaciona-se a *epicurismo*, sistema filosófico grego que prega a procura dos prazeres moderados para atingir um estado de tranquilidade (Houaiss; Villar, 2001, p. 1177).
> *Base transcultural perceptiva* é a capacidade de se comunicar com outras culturas.
> *Areópago* é a parte nordeste da Acrópole, em Atenas, e também o nome do próprio conselho que decidia questões de justiça naquele local (Houaiss; Villar, 2001, p. 282).

A adaptabilidade do apóstolo Paulo ao mundo greco-romano tem sido estudada só mais recentemente. Como ele falava a grupos culturalmente mistos, precisava adotar estratégias retóricas e literárias diferenciadas para conseguir se comunicar adequadamente.

A condescendência divina marcou a forma como Paulo descreveu a encarnação de Cristo, na qual Deus é descrito como tendo sabedoria multiforme (Bíblia. Efésios, 2009, 3: 10). Nesse caso, há uma acomodação divina e humana e transparece a flexibilidade ao lidar com os iniciantes nas temáticas da fé (Glad, 2008, p. 13-14).

Em Atos dos Apóstolos, 17, temos a descrição do desafio dos filósofos ao apóstolo Paulo, que o consideravam charlatão e pregador de divindades estranhas. Ele havia visto a profusão de divindades que existiam na cidade de Atenas e tinha uma relação positiva com as culturas, conforme relatado em Atos dos Apóstolos, 17: 22-28. Foi justamente essa postura positiva a razão do seu chamado a Antioquia.

Nas epístolas paulinas, há pelo menos quatro citações de pensadores gregos, como em Tito, 1: 12, em que é citado o pensador cretense Epimênides, que viveu em torno do ano 600 a.C., mencionado como *profeta*, e em 1 Coríntios, 15: 33, que cita o filósofo Menandro (ca. 342-291 a.C.).

O que podemos perceber é que a Bíblia e a cultura não são, de forma nenhuma, necessariamente excludentes, e o seu alvo principal é que Cristo seja tudo em todos (Bíblia. Colossenses, 2009, 3: 11).

Ao interpretar o relato de Abraão por antonomásia, Paulo evidencia ter um grande conhecimento literário.

> **PRESTE ATENÇÃO!**
> *Antonomásia* é uma "variedade de metonímia que consiste em substituir um nome de objeto, entidade, pessoa etc. por outra denominação, que pode ser um nome comum (ou uma perífrase), um gentílico, um adjetivo etc., que seja sugestivo, explicativo, laudatório, eufêmico, irônico ou pejorativo e que caracterize uma qualidade universal ou conhecida do possuidor" (Houaiss; Villar, 2001, p. 239).

> **SÍNTESE**
> Este capítulo mostrou alguns elementos do diálogo inter-religioso na Bíblia cristã em que o conceito bíblico abrange a conversação e a discussão.
>
> Aqui, tratamos da influência dos relatos sobre Abraão no judaísmo, no cristianismo e no islamismo e vimos a forma como Abraão se relacionou com Melquisedeque, este vinculado ao conceito de revelação **geral** de Deus por alguns autores; já Abraão representaria a revelação **especial**.
>
> Verificamos que o profeta Isaías expressou uma universalização da bondade de Deus, dimensão esta que se manifesta em todo o universo nos relatos sobre Jesus, além da samaritana, descrita como mais receptiva do que os mestres da lei, como Nicodemos.
>
> Por fim, de acordo com os relatos do evangelista Lucas, tratamos do fato de o Evangelho de Cristo superar todas barreiras religiosas e culturais, algo que o apóstolo Paulo também procurou concretizar.

Atividades de autoavaliação

1. O interesse de Deus em dialogar com o homem aparece logo no início do livro de Gênesis, quando Deus pergunta: "Adão, onde estás?". Essa frase encontra-se em:
   a) Gênesis, 3: 9.
   b) Gênesis, 12: 9.
   c) Gênesis, 24: 5.
   d) Gênesis, 7: 8.
   e) Gênesis, 15: 2.

2. Abraão é um personagem-chave na história das religiões, pois serve de base para os três mais importantes agrupamentos monoteístas. A versão bíblica sobre ele mostra uma visão que vai muito além de uma religiosidade apenas familiar, da sua tribo ou da sua etnia. Abraão recebeu a ordem divina de sair da sua terra, da sua família e da sua nação. Qual a lei que os teólogos chamam de *aliança abraâmica*, a qual abarca esse conjunto de promessas?
   a) Lei da etnia.
   b) Lei cerimonial.
   c) Lei moral.
   d) Lei do diálogo inter-religioso.
   e) Lei da sucessão financeira.

3. Melquisedeque tem sido interpretado como exemplo da revelação geral de Deus, sem pressupor a revelação especial contida na Bíblia. É a "designação dada à consciência universal da existência de um Deus único, entre as diversidades de expressões culturais e religiosas dos diferentes povos e civilizações ao longo da história" (Richardson, 1986, p. 25). O que significa, em hebraico, o nome *Melquisedeque*?
   a) Rei que voltará.
   b) Rei da justiça.

c] Rei soberano.
d] Rei das nações.
e] Rei dos inimigos.

4. Os relatos sobre Jesus mostram que o reino de Deus é aberto a todos. Há muita surpresa na composição do banquete final sobre o qual Jesus fala. Portanto, a abertura ao diálogo deve existir entre os cristãos, e nada autoriza uma prepotência espiritual. A separação entre o joio e o trigo não é tarefa atribuída ao ser humano. Na relação entre Jesus e os samaritanos, percebemos sua abertura a outras culturas e experiências.
Assinale a passagem bíblica que confirma esse texto:
   a] "O que importa não é o local, mas a adoração em espírito e verdade" (Bíblia. João, 2009, 4: 23).
   b] "Jesus perguntou onde estavam os outros nove. Somente o estrangeiro voltou para dar glória a Deus" (Bíblia. Lucas, 2009, 17: 18).
   c] Em Atos dos Apóstolos, 7: 1-16, Estevão utilizou toda a história patriarcal para ilustrar o planejamento divino para a salvação de toda a humanidade.
   d] "Como Espírito Santo, veio sobre Cornélio, seus parentes e amigos íntimos" (Bíblia. Atos dos Apóstolos, 2009, 10: 24, 44-46).
   e] "Sai pelos caminhos e atalhos e obriga a todos a entrar, para que fique cheia a minha casa" (Bíblia. Lucas, 2009, 14: 23).

5. Assinale com (V) as assertivas verdadeiras e com (F) as falsas.
   [ ] Em Antioquia, na Síria, também havia comunhão de mesa. Quando Pedro chegou lá, aceitou comer com os gentios (Bíblia. Gálatas, 2009, 2: 11-14).
   [ ] Ao chegarem outros judeus, enviados de Jerusalém por Tiago, Pedro se ausentou da mesa comum por medo desses

judeus. Passou a haver uma mesa para os judeus e outra para os gentios. Diante disso, Paulo confrontou Pedro pela sua postura medrosa (Bíblia. Gálatas, 2009, 2: 14-16).

[ ] No Concílio de Jerusalém, a comunhão de mesa entre judeus e gentios cristãos foi o problema central dos debates.

[ ] Paulo cresceu e foi educado dentro das exigências da lei de Deus e das tradições paternas (Bíblia. Gálatas, 2009, 1: 14).

[ ] Jesus se alimentou e se hospedou com Zaqueu, acusado de ser pecador (Bíblia. Lucas, 2009, 19: 5-7).

Agora, assinale alternativa que apresenta a sequência correta:

A] F, F, V, V, V.
B] V, V, V, V, V.
C] V, V, F, V, F.
D] F, F, F, F, F.
E] F, V, F, V, F.

Atividades de aprendizagem

Questões para reflexão

1. Em casa, Paulo aprendeu aramaico e, na escola da sinagoga, hebraico. Ele pertencia à elite intelectual e deve ter frequentado a escola grega, na qual passou pelas etapas primária, secundária e terciária (Hock, 2008, p. 172). Paulo ainda comentou que havia pregado o Evangelho a todos os guardas pretorianos, visto que eles o vigiavam no cativeiro em Roma (Bíblia. Filipenses, 2009, 1: 13). Isso pressupõe a comunicação em latim.

2. De que forma o cidadão contemporâneo tem buscado a capacitação para aprimorar a sua vida acadêmica? Podemos comparar as dificuldades dos tempos de Paulo com as atuais?

3. Entre os judeus da diáspora, alguns obtiveram êxito no comércio e nos negócios. Houve também o florescimento do estudo da Escritura e da tradição. Depois da destruição do templo de

Jerusalém, no ano 70 d.C., os escribas da Pérsia desempenharam um papel importante no desenvolvimento da tradição judaica. Não é por acaso que o Talmude da Babilônia tenha sido mais estimado que o da Palestina (Ebel, 2012, p. 112-113). Na atualidade, como estão os judeus quanto ao seguimento das suas tradições?

4. Pesquise mais sobre o retorno do povo judeu a sua terra de origem e a disputa pelo território sagrado.

Atividade aplicada: prática

1. A adaptabilidade do apóstolo Paulo ao mundo greco-romano tem sido estudada só mais recentemente. Ele falava a grupos culturalmente mistos e, para tal, precisava adotar estratégias retóricas e literárias diferenciadas, a fim de se comunicar adequadamente.

    A] Qual a relação de Paulo com os gregos?

    B] Cite alguma estratégia usada por Paulo para difundir suas crenças.

    C] Quem foi o erudito judeu que treinou Paulo?

    D] O livro de Atos dos Apóstolos, 17, mostra-nos Paulo se comunicando em um contexto de intelectualidade helênica. Ele demonstrou, então, sua adaptabilidade ao mundo cultural greco-romano. Analise esse trecho da Bíblia.

MODELOS DIALOGAIS NA HISTÓRIA DO CRISTIANISMO

Neste capítulo, veremos vários modelos advindos da história do cristianismo. Começaremos com o pensador judeu Filo de Alexandria, que abriu as portas para um uso mais flexível do Antigo Testamento, libertando-o da interpretação literal e trazendo uma interpretação alegórica dessa obra. Devido à fortuna de seus pais, Filo deve ter tido professores gregos, e não apenas judeus helenizados (Nougué, 2015, p. 31). Nele, certamente, se encontravam em diálogo as culturas helênica e judaica.

Filo se valeu do universo conceptual helênico para dialogar com os conceitos judaicos constantes no Antigo Testamento. Mesmo no helenismo, visões platônicas dialogam com pitagóricas. Para Filo (citado por Nougué, 2015, p. 37), "grande parte das doutrinas fundamentais dos filósofos gregos tinham antecedentes" nas ideias de Moisés.

Com base nesse aspecto fundamental para a inserção do cristianismo no contexto greco-romano, analisaremos alguns modelos dialogais.

3.1 Modelo dialogal de Justino

Justino foi um dos primeiros apologetas cristãos, que são os cristãos intelectuais que passaram a elaborar defesas a favor do cristianismo e a apresentá-las àqueles que não tinham conhecimento a respeito dele. As suas apologias foram escritas entre 150 e 165 d.C., quando ele foi martirizado

Justino (100-165 d.C.), nascido em Samaria, de família pagã e grega, procurou a sabedoria em várias escolas filosóficas até o dia em que se converteu a Cristo, por volta de 132 d.C., em Éfeso. Ele seguiu as filosofias estóica, peripatética, pitagórica e platônica (Justino, 1995, p. 111).

> **PRESTE ATENÇÃO!**
>
> A **filosofia estoica** foi fundada por Zenão e se caracterizava por uma "ética em que a imperturbalidade, a estirpação das paixões e aceitação resignada do destino são as marcas fundamentais do homem sábio" (Houaiss; Villar, 2001, p. 1257).
>
> A **filosofia peripatética** é um círculo filosófico da Grécia Antiga que, basicamente, seguia os ensinamentos de Aristóteles (Houaiss; Villar, 2001, p. 2190).
>
> Já a **filosofia pitagórica** foi aquela fundada por Pitágoras e se tornou uma influente corrente da filosofia grega (Houaiss; Villar, 2001, p. 2228).
>
> Por último, a **filosofia platônica** refere-se ao filósofo e matemático grego Platão. Popularmente, o termo *platônico* passou a ser utilizado com o significado de algo ideal ou casto, sem interesses materiais (Houaiss; Villar, 2001, p. 2237).

Em 150 d.C., Justino chegou a Roma e fundou uma escola filosófica. O seu escrito *Diálogo com Trifão* é um exemplo da forma como se interpretava a Bíblia no século II d.C.

Justino é tido como o melhor exemplo de apologeta do século II d.C. Como professor de filosofia, após sua conversão ao cristianismo, estabeleceu um modelo sobre como a fé cristã e a filosofia podiam se relacionar, identificando o cristianismo como a verdadeira filosofia. Desse modo, os cristãos seriam os autênticos herdeiros da civilização greco-romana, e os adversários do cristianismo, os insultadores da razão e da moral. Segundo Justino, a verdade foi comunicada, primeiramente, aos bárbaros (judeus) pelos profetas; depois, foi "deformada" pelos gregos, que a reduziram à mitologia.

Justino (1995, p. 74-76) defendeu que os filósofos gregos assimilaram as verdades que expressaram em seus ensinos, de Moisés e dos profetas judaicos, como Platão, que era discípulo de Moisés. Na verdade, o *lógos* nunca deixou de estar presente entre os seres humanos e se manifestou, em sua plenitude, na pessoa de Cristo, pois os filósofos, até a manifestação de Cristo, tinham Dele apenas um conhecimento parcial.

Desde os anos de 150 a 160 d.C., foi desenvolvida a doutrina que entendia a história universal como história da salvação, na qual a cristologia passou a ser refletida cientificamente em relação à doutrina de Deus.

As reflexões helênico-judaicas sobre a Palavra de Deus, *lógos*, e sobre a sabedoria, *sofia*, relacionadas aos meios divinos de criação e de revelação a partir de Jesus Cristo, vincularam-se ao princípio central chamado *lógos* pelos estóicos e, após ele, foram transpostas para a filosofia popular.

Aquilo que se entendia como razão universal, o elemento imanente a todas as coisas e relacionado com a semente racional presente em todo ser humano, foi entendido como fonte do conhecimento e da moral comum (*lógos spermatikós* = semente do *lógos*). Os gregos entendiam a razão universal como a essência divina presente em todos seres viventes. Justino (1995, p. 98) considerava essa semente do *lógos* como presente no conhecimento e na contemplação dos filósofos gregos.

Nesse sentido, o *lógos spermatikós* é um princípio central para manifestar a presença e a atuação de Deus na história. Ainda que esse princípio da semente se tenha manifestado na história dos judeus, a sua eficácia também se estendeu ao helenismo (Moreschini, 2008, p. 73). Assim, para Justino (1995, p. 104), Cristo é o verbo seminal divino.

Os legisladores foram guiados pelo verbo a praticar a justiça, e o verbo também foi conhecido parcialmente por Sócrates (Justino, 1995, p. 100). Os filósofos, os poetas e os historiadores gregos são entendidos por Justino como possuidores da parte que lhes coube do verbo seminal divino (Justino, 1995, p. 104). Portanto, havia nele uma visão positiva da filosofia e das religiões.

Destarte, o diálogo filosófico e inter-religioso tem em Justino um articulador destacado e, para ele, a "filosofia é o maior e o mais precioso bem diante de Deus" (Justino, 1995, p. 111). Por meio dele, passou a se articular, nos meios cristãos, a visão de Deus como suma racionalidade, em especial na luta do cristianismo com o gnosticismo.

> **PRESTE ATENÇÃO!**
> *Gnosticismo* foi o "movimento religioso, de caráter sincrético e esotérico, desenvolvido nos primeiros séculos de nossa era à margem do cristianismo institucionalizado" (Houaiss; Villar, 2001, p. 1461).

Em sua defesa, Justino afirmava o cristianismo como verdadeira sabedoria, consequência do cristianismo no contexto greco-romano da época, em que se tornar cristão não significava renegar sua formação cultural e acadêmica anterior. Por outro lado, a busca do diálogo com a tradição helenística servia para expressar a fé cristã (Moreschini; Norelli, 2006, p. 227).

Na concepção de Justino (1995, p. 204), Jesus Cristo era o verbo-sabedoria gerado por Deus-Pai, reconhecido por ele como o Messias e o próprio Deus.

Além disso, Justino (1995, p. 282-289) também enfatizou que Cristo atuava segundo a ordem de Melquisedeque, da qual era sacerdote eterno, bem como juiz dos vivos e dos mortos. Justino fez uma interpretação cristológica do Antigo Testamento, de uma forma especial dos textos que falavam sobre Melquisedeque (Justino, 1995, p. 156-160, 239-241). Também defendeu que Abraão foi justificado por Deus antes da circuncisão, e que esta não simboliza a justificação, pois Melquisedeque era sacerdote do Altíssimo, mesmo sendo incircunciso (Justino, 1995, p. 138-144).

Justino mencionou, pela primeira vez, a relação entre Cristo e a cultura greco-romana, tema que a Escola Teológica de Alexandria desenvolveria de forma mais precisa.

3.2 Modelo dialogal da Escola Teológica de Alexandria

Não existem escritos de Panteno, o fundador da Escola Teológica de Alexandria, mas sim de seus discípulos. Clemente de Alexandria e Orígenes são os dois grandes destaques.

Clemente fez uma reflexão sobre as relações entre filosofia e fé, revelação judaica e cristã, e serviu-se da linguagem e dos métodos da filosofia da época. Viveu entre 155 e 216 d.C. e foi um morador de Alexandria que sofreu forte influência do alegorista judeu Filo. Clemente acreditava que os verdadeiros significados das escrituras estavam ocultos, por usarem uma linguagem simbólica misteriosa. Ele defendia esse pensamento porque isso serviria para despertar a curiosidade e dificultaria o entendimento das Escrituras por todos.

PRESTE ATENÇÃO!

No contexto do diálogo inter-religioso, *alegorista* é a pessoa que produz interpretações alegóricas (Houaiss; Villar, 2001, p. 146).

Para Clemente, qualquer passagem bíblica poderia apresentar até cinco significados distintos: histórico, doutrinário, profético, filosófico e místico. Ele adotou um vocabulário associado à temática da acomodação divina como chave hermenêutica para tratar o tema da encarnação de Cristo na abordagem primitiva da cristologia (Glad, 2008, p. 13).

> **Preste atenção!**
> *Hermenêutica* é a "técnica que tem por objeto a interpretação de textos religiosos ou filosóficos" (Houaiss; Villar, 2001, p. 1519).

O que surpreende em Clemente é a sua abertura intelectual, que o conduz a abrir-se ao helenismo. Sua visão sobre o *lógos* tem por intuito uma unificação da filosofia grega com o judaísmo helenístico e a concepção cristã (Moreschini; Norelli, 2006, p. 304).

Figura 3.1 – Clemente e Catarina, aos pés de Maria, no altar da Igreja de Santa Catarina, por Ferenc Storno, Kremnica, Eslováquia

A filosofia, para Clemente, era algo que educava os gregos, da mesma forma que a lei do Antigo Testamento preparava os hebreus para Cristo (Alexandría, 1996, p. 129).

Filo ocupou-se em comparar a tradição religiosa judaica com a cultura helenística, tentando mostrar que não havia incompatibilidade entre o platonismo e as Escrituras, nas quais buscava um sentido mais espiritual ou alegórico, sem muita preocupação com o sentido histórico e literal (Fluck, 2012b, p. 60-61).

A obra exegética de Orígenes concentra-se, sobretudo, no tratado que ele desenvolveu, *Sobre os princípios* (*Perì archôn*). A exegese, difundida e aplicada por ele, está apoiada no que o judeu Filo de Alexandria concebeu como intepretação alegórica dos textos sagrados do judaísmo (Fluck, 2012b, p. 64-67). Filo era da opinião de que o texto bíblico, de um modo geral, carecia de ser interpretado historicamente (no sentido da crítica das fontes, da origem do texto e de seu contexto).

> **PRESTE ATENÇÃO!**
>
> O termo *exegético* advém de *exegese*, "comentário ou dissertação que tem por objetivo esclarecer ou interpretar minuciosamente um texto ou uma palavra" (Houaiss; Villar, 2001, p. 1283).

De acordo com Spinelli (2002, p. 135):

> Dado que as palavras tinham um sentido escondido, mas admirável e profundo, era necessário adentrar-se nessa profundeza, a fim de trazer à tona, além do sentido magnífico, todo o seu valor... É nessa mesma perspectiva de Fílon, representante da Escola Bíblica Judaica, e no ambiente das escolas exegéticas de Alexandria [...] que se desenvolveu a exegese de Orígenes.

Em síntese, a Escola Teológica de Alexandria tinha as seguintes características:

Quadro 3.1 – Características da Escola Teológica de Alexandria

Local de irradiação	Escola Teológica de Alexandria
Teólogo	Orígenes
Interesse teológico	Metafísico
Orientação filosófica	Neoplatônica
Deus Uno visto como	Inefável e transcendente
Pecado original	Individual
Obra de Cristo	Iluminação
Bíblia interpretada como	Alegoria

Fonte: Elaborado com base em Fluck, 2012b, p. 67.

Clemente de Alexandría (1996, p. 147-151), ao considerar que todos os seres humanos foram criados sociáveis e justos por natureza, defendia uma igualdade por nascimento. Para ele, a educação preparatória grega e a filosofia tornam a terra fértil para a fé religiosa.

Conforme Moreschini (2008, p. 31), a ênfase na "providência" divina é muito mais frequente em Clemente do que em qualquer outro autor da época.

Por último, pela teologia de Orígenes, o espírito de Platão entrou na Igreja cristã de uma forma efetiva, criando raízes.

3.3 Modelo dialogal de Bartolomeu de las Casas

Bartolomeu de Las Casas (1474-1566) era filho de um mercador que embarcou para a América Latina na segunda viagem de Colombo, em 1493. Quando retornou à Europa, em 1498, seu pai levou-lhe um escravo índio de presente.

Quatro anos mais tarde, em 1502, o próprio Las Casas foi às Américas, chegando a Santo Domingo e Haiti. De imediato, ele ajudou os conquistadores espanhóis em várias expedições de conquista e, como recompensa, recebeu indígenas escravos, aos quais começou a ensinar o catecismo, na qualidade de leigo.

Entre 1512 e 1513, foi ordenado sacerdote pelo bispo de Porto Rico ou pelo bispo de Concepción de La Vega. Em 1513, já como sacerdote, participou do processo de conquista de Cuba. De 1502 a 1514, Bartolomeu foi "cúmplice da conquista do Caribe" (Dussel, 1978, p. 140) e viu o comandante da conquista de Cuba degolar, com seus comandos, sete mil índios. Recebeu terras e índios como pagamento pelos seus serviços.

No entanto, foi durante o tempo em que residiu no Caribe que "tomou a decisão de abandonar suas posses, seus lotes de escravos e consagrar a vida à defesa dos indígenas do Novo Mundo" (Bueno, 1984, p. 16). Las Casas foi compreendendo que o tratamento dado aos índios não correspondia aos ensinamentos do cristianismo. Voltou, então, as costas ao sistema cruel aplicado aos índios e, com 40 anos de idade, começou a lutar contra ele. Essa luta ocupou sua vida até 1566, quando faleceu, aos 92 anos de idade. Sua ação foi tremendamente profética em defesa dos índios: passou a acusar o conquistador de opressor que escravizava os nativos até a morte.

Saiu de Cuba e foi a Sevilha, na Espanha, falar com o rei Fernando. Como este estava moribundo, pensou em procurar o príncipe Carlos, futuro imperador Carlos V, mas só conseguiu falar com Cisneros, futuro regente da Espanha. Este prometeu-lhe curar a doença social das Américas e nomeou-o *clérigo procurador dos índios* (Dussel, 1978, p.141). Regressou em 1516 e, como não conseguiu mudar a situação, foi a Valladolid para estudar as questões jurídicas das Índias.

Em 1517, apresentou a defesa de um plano de colonização pacífica (sem armas) à corte de Carlos V. Propôs ao rei um "projeto de fundar povos de índios livres, comunidades de lavradores hispano-índios", que foi aprovado (Dussel, 1978, p. 141). A ideia era introduzir um sistema colonial de trabalho misto. Também deu algumas sugestões para conservar viva a população nativa, como:

1. proibir o trabalho indígena com o objetivo de repovoamento;
2. possibilitar uma vida mais humanizada (meio: comunidade);
3. permitir que o trabalho indígena só ocorresse em parceria com lavradores espanhóis.

O alvo de Las Casas era criar um sistema colonial substitutivo, com vistas a obter proteção e justiça para os índios e evitar, assim, o morticínio generalizado. No entanto, o seu intento de aplicar essas ideias em Cumaná, atual Venezuela, fracassou, não só porque Las Casas idealizou a bondade dos indígenas, mas também porque os espanhóis fizerem de tudo para criar obstáculos ao seu projeto e faltou verbas para a sua implementação.

Apesar disso tudo, estavam se moldando concepções que se tornariam importantes na obra teológico-pastoral posterior.

Após a frustração do projeto de colonização pacífica, Las Casas começou, em 1518, a redigir *Brevíssima relação da destruição das Índias*, um livro muito polêmico, no qual narra o processo de conquista do Caribe, da América Central, do México, da Colômbia, da Venezuela e do Peru. Las Casas (1984, p. 29) escreveu que, em quarenta anos, "pela tirania e diabólicas ações dos espanhóis, morreram injustamente mais de doze milhões de pessoas, homens, mulheres e crianças", embora ele acreditasse que tivessem sido mortos mais de quinze milhões. Essa crueldade está descrita na obra nos seguintes termos:

> Os espanhóis, com seus cavalos, suas espadas e lanças começaram a praticar crueldades estranhas; entravam nas vilas, burgos e aldeias, não poupando nem as crianças e os homens velhos, nem as mulheres grávidas e parturientes e lhes abriam o ventre e as faziam em pedaços como se estivessem golpeando cordeiros fechados em seu redil. Faziam apostas sobre quem, de um só golpe

de espada, fenderia e abriria um homem pela metade, ou quem, mais habilmente e mais destramente, de um só golpe, lhe cortaria a cabeça, ou ainda sobre quem abriria melhor as entranhas de um homem de um só golpe. (Las Casas, 1984, p. 32)

Las Casas (1984, p. 41) relatou que via que o diabo se apoderava dos espanhóis e que "passavam a fio de espada, mais de três mil pessoas, homens, mulheres e crianças, que estavam sentados diante de nós. Eu vi ali tão grandes crueldades que nunca nenhum homem vivo poderá ter visto semelhantes".

Ao mencionar a carta do bispo da província de Santa Marta ao rei da Espanha, escreveu:

> Sua Majestade saberá também que nestes países não há cristãos; o que existe são diabos e não servidores de Deus e do Rei: o que existe são traidores à lei e traidores ao Rei. E na verdade o maior empecilho que encontro em reduzir os índios que estão em guerra e pacificá-los e conduzir os que estão em paz ao conhecimento de nossa Fé, é o tratamento desumano e cruel que aqueles que estão em paz recebem dos espanhóis e disso estão de tal modo desgostosos e ultrajados que a nada têm mais ódio e mais horror do que ao nome de Cristãos, os quais em todos esses países são chamados "Yares", que quer dizer Diabos. E em toda a extensão da palavra, eles têm razão. Pois os atos que praticam aqui não são nem de Cristãos, nem de homens que usem a razão e sim de diabos; de modo que os índios, vendo esse comportamento geralmente tão estranho a toda humanidade e toda misericórdia [...] creem que os cristãos têm essas cousas por lei e que seu Deus e seu Rei são os autores desses atos. (Las Casas, 1984, p. 76)

Os índios do Peru tinham se rebelado por uma causa muito justa, na opinião de Las Casas, visto que os espanhóis não guardaram nunca nem a verdade, nem a fé que lhes haviam prometido, pois agiam contra toda a razão, fazendo ultrajes aos indígenas, que estavam todos decididos a morrer a ter que suportá-los novamente.

Las Casas (1984, p. 102) defendeu que, até a data em que ele escreveu o seu livro, se destruíram e se desolaram mil vezes mais almas do que se tinha contado. Os espanhóis tinham matado, até então, mais de quatro milhões de pessoas. Eis o relato dos acontecimentos diante da corte de Espanha:

> Direi mais, que desde o começo até a hora presente os espanhóis nunca tiveram o mínimo cuidado em procurar fazer com que a essas gentes fosse pregada a fé de Jesus Cristo, como se os índios fossem cães ou outros animais: e o que é pior ainda é que proibiram expressamente aos religiosos, causando-lhes inumeráveis aflições e perseguições, a fim de que não pregassem, porque acreditavam que isso os impedia de adquirir o ouro e riquezas que a avareza lhes prometia. [...] pela misericórdia de Deus vim a esta Corte de Espanha lutar para que o inferno seja tirado das Índias, a fim de que essas almas infinitas, resgatadas pelo sangue de Jesus Cristo, não pereçam para todo o sempre e irremediavelmente; e para que conheçam o seu Criador e sejam salvas; e também por desvelo e compaixão de minha pátria, que é Castela, e a fim de que Deus não a destrua pelos grandes pecados cometidos contra a fé e contra sua honra e contra o próximo e por causa de algumas pessoas notáveis que zelam pela honra de Deus [...]. (Las Casas, 1984, p. 112)

Com o fracasso do projeto de Cumaná, Las Casas começou a incentivar a escravidão negra como meio de resgatar índios do estado de escravidão. Ele também não escapou da influência das ideias generalizadas em sua época: como os negros eram escravizados há mais tempo, eram considerados mais resistentes para o trabalho físico pesado. Apesar de ter visto as consequências da escravidão para os negros, uma vez que eles começaram a morrer precocemente, só mais tarde descobriu que a escravidão negra era roubo e opressão, por isso, Las Casas se retratou do incentivo que dera (Lassègue, 1974, p.137-141).

> **CURIOSIDADE**
>
> Las Casas apresentou sua visão sobre a escravização do negro: supunha que fossem justamente cativos. Reconheceu, então, que os espanhóis estimularam o tráfico de escravos por comprá-los dos portugueses, os quais roubavam e faziam os negros escravos por vias más e iníquas. Chegou ao ponto de que os próprios negros
>
>> uns aos outros se fazem injustas guerras, e por outras vias ilícitas se furtam e vendem aos portugueses, de maneira que nós somos causa de todos os pecados que uns e outros cometem, sem os nossos que ao comprá-los cometemos. [...] antigamente [...] tínhamos por opinião nesta ilha, que se ao negro não ocorria enforcamento, nunca morria, porque nunca havíamos visto negro morto por uma enfermidade sua [...]. (Las Casas, 1986, p. 275)

Durante 12 anos, Las Casas viveu em São Domingos, onde se dedicou a trabalhos literários. Foi à Nicarágua e teve de fugir para a Guatemala devido às reações dos colonizadores contra suas ideias pacifistas de colonização.

Em 1527, escreveu *História das Índias*, uma interpretação profético-teológica da conquista espanhola, em que apresentou detalhes do processo. Trata-se de um estudo mais aprofundado daquilo que era retratado sinteticamente na *Brevíssima relação da destruição das Índias*.

Em 1537, escreveu *O único modo de chamar todos os povos à fé*, em que diz que os indígenas deveriam ser organizados em comunidades formadas por cinco ou seis caciques com suas famílias (cerca de cinco mil índios) e deveriam ter por perto terras para o plantio, para nunca terem de se afastar mais de 15 quilômetros de suas casas. Para ele, o indígena deveria trabalhar, no máximo, seis meses por ano; haveria, então, duas turmas de serviço. Na mineração, deveriam trabalhar indígenas de 25 a 45 anos, com jornadas de dois meses de trabalho e dois de descanso, alternadamente. Somente um terço da comunidade indígena deveria se dedicar à mineração. Por fim, a tese central do livro é a de que os índios estão incluídos na ordem de Cristo, de pregar o Evangelho a toda criatura; as guerras feitas pelos espanhóis contra eles eram injustas e tirânicas; e as riquezas tiradas deles, bem como as suas terras, deveriam ser devolvidas. Além disso, a única maneira de influenciar os seres racionais era pela persuasão.

Ao contrário da opinião generalizada de que os índios eram seres sem alma, portanto incapazes de serem evangelizados, Las Casas considerava-os seres dotados de entendimento excepcional. Se os meios pacíficos não dessem resultado positivo no processo de cristianização do índio, a única coisa que os espanhóis teriam de fazer era abandonar o local.

Todavia, o método de Las Casas foi posto em causa. Ele foi desafiado a pô-lo em prática na província de Tuzulutlan, na Guatemala, a única terra ainda por conquistar naquela região, também conhecida como *Terra de Guerra*, após três tentativas frustradas de vitória sobre os índios por parte dos espanhóis.

Las Casas, junto com outros dominicanos, compôs uma história cantada do cristianismo e ensinou-a a quatro mercadores índios cristãos, acostumados a trafegar por aquela região de índios ferozes. Então, eles passaram a andar por ali, cantando. Quando os indígenas queriam saber mais, os quatro cristãos diziam que só os sacerdotes podiam contar-lhes sobre o assunto. Assim, eles foram convidados a entrar naquela região e iniciaram o trabalho catequético. O processo foi parcialmente bem-sucedido, de forma que a Terra de Guerra passou a ser chamada *Terra de Vera Paz*.

No entanto, o trabalho teve de ser interrompido devido à rivalidade de tribos vizinhas.

Outros missionários aplicaram o método proposto por Las Casas em outros lugares. Para ele, era necessário encontrar meios de mover e atrair suavemente a vontade dos indígenas, com muita persistência e repetição, até que o cristianismo se tornasse hábito. Os ouvintes deveriam compreender que os pregadores não queriam dominá-los nem ambicionavam suas riquezas e deveriam confirmar tudo isso em seu exemplo de vida.

Nesse mesmo ano de 1537, o papa Paulo III, por meio de encíclica, reconheceu oficialmente a dignidade do índio e que ele tinha alma. Em 1540, Las Casas dirigiu-se à Espanha, onde publicou a *Brevíssima relação da destruição das Índias*. Esse livro teve influência sobre as ideias de Francisco de la Vitória, que exerceu um importante papel na elaboração de novas leis de regulamentação do processo da conquista.

Então, em boa parte devido ao impacto do livro de Las Casas, Carlos V promulgou as leis segundo as quais os índios recuperariam a liberdade. Além disso, promoveu Las Casas a bispo de Chiapas, região do México. Contudo, a oposição dos conquistadores e colonizadores do Peru foi tão forte que o próprio rei se viu obrigado a modificar tais leis, o que fez com os abusos continuassem. Las Casas, no entanto, foi inflexível com os *encomenderos* de sua área de bispado ao negar, no confessionário, a absolvição aos que tinham índios como escravos.

Em 1550, Las Casas renunciou ao bispado e passou seus últimos anos de vida como consultor de governantes e missionários. Simon Bolívar, no século XIX d.C., inspirou-se nele na luta contra a Espanha pela independência da América Latina.

Para Las Casas, a evangelização realiza-se em conjugação com condições justas e humanitárias. Paz e justiça devem ser somadas ao anúncio da boa-nova, e a hispanização não é necessária a esse processo.

Podemos perceber que o trabalho de Las Casas era feito com convicção e audácia e que ele não desanimou. Antes de propor alternativas, fez uma análise profunda da situação, viu o que estava errado e procurou mudar com base na realidade. No entanto, não chegou a formar um grupo que trabalhasse em conjunto com ele.

> Las Casas baseava sua defesa aos índios nos princípios gerais de direito que gozavam de aceitação na Europa. Com base nesses princípios, Las Casas argumentava que os caciques índios eram os verdadeiros senhores de suas terras e seus vassalos, e que o único direito que os espanhóis tinham no Novo Mundo era o de proclamar o evangelho. Esse direito não justificava as guerras contra os índios, nem o regime de remessas, mas simplesmente permitia aos espanhóis dedicarem-se à propagação de sua fé através de meios pacíficos. [...] Suas obras foram proibidas no Peru em 1552 e na Espanha alguns anos mais tarde. Em meados do século seguinte, a Inquisição proibiu a leitura das obras de Las Casas. (Gonzalez, 1983, p. 60)

Sobre o direito de guerra contra os indígenas, podemos notar que Las Casas voltou-se contra o uso das concepções de Aristóteles para legitimá-la, de tê-los como servos, já que supostamente seriam de natureza inferior. Las Casas argumentou que, contrariamente à visão de seus oponentes, os índios são de clara inteligência, gente capacíssima, vivos e de boa índole, o que, por si só, é sinal de indício da bondade e de graciosos gestos, além de serem possuidores de livre arbítrio, naturalmente de boa razão e de bom entendimento.

Las Casas respeitou a cultura e a religião dos indígenas e não lhes impôs a sua cultura. Teve uma postura ativa de defesa do direito dos nativos da América Latina e tornou-se o maior defensor dos indígenas durante o período colonial espanhol. Por isso, ele serve de estímulo ao diálogo com outras culturas e religiões.

3.4 Modelo dialogal de Manuel da Nóbrega e José de Anchieta

Agora vamos abordar o espírito de conquista português no século XVI d.C., bem como o modelo de catequização adotado no Brasil com o indígena (por aldeamento).

3.4.1 Mentalidade de conquista

O catolicismo foi uma religião obrigatória no Brasil Colônia até 1810. Não havia nem tolerância nem liberdade religiosa. Entre 1540 e 1765, ocorreram autos de fé, em que judeus eram queimados vivos, pela Inquisição, em Portugal. Às vezes, os condenados eram brasileiros.

Até 1808, data da chegada do rei Dom João VI, não havia imprensa nem faculdades no Brasil. Assim, foi mais fácil controlar as lideranças brasileiras e as informações sobre o país diretamente de Portugal.

A experiência portuguesa é distinta da hispânica no que diz respeito à formação de mentalidade. Os muçulmanos foram expulsos de Portugal muito antes do que da Espanha: no primeiro país, já no século XII d.C.; no segundo, em 1492. Portugal teve, portanto, dois séculos para se reciclar das experiências traumáticas de domínio islâmico antes de se expandir por meio dos descobrimentos.

O desenvolvimento histórico foi criando na população portuguesa a ideia da origem divina do país. Na batalha de Ourique (em 1139 d.C.), na qual se buscou o alargamento do território português, Cristo teria aparecido ao imperador português Dom

Afonso Henriques, animando-o, o que foi visto como sinal de que o reino português era de origem divina.

Durante o reinado de Dom Dinis (1279-1325 d.C.), o papa Clemente V decretou a supressão da Ordem dos Templários, que havia sido criada com o objetivo de reunir monges-soldados, com vistas à luta na primeira cruzada, em 1099 d.C. Essa ordem servia como banco dos papas. Em vez de persegui-la, o rei Dom Dinis, imperador português, resolveu criar a Ordem de Cristo, versão nacionalizada, para substituir a Ordem dos Templários.

Com os fundos da Ordem de Cristo, foram mantidos os projetos de descobrimentos portugueses. Também foram financiados os dois séculos de missão jesuítica no Brasil, bem como o projeto educacional jesuítico em Portugal, aspectos que moldaram a mentalidade portuguesa em seu âmago, até 1759, quando Pombal o interrompeu.

À Ordem de Cristo foi concedido o direito de jurisdição espiritual sobre as ilhas do Atlântico, bem como na costa da África, até a Índia, na Ásia. A Ordem criava igrejas e foi, portanto, o elemento que possibilitou a união entre fé e império, visto que o rei a presidia. As colônias portuguesas eram patrimônio da Ordem.

A Portugal se concedeu o direito de padroado, o qual seria exercido, na prática, como direito de conquista. Com isso, o papa concedia ao imperador português a tarefa de propagação do cristianismo nas novas terras descobertas. Os projetos colonialistas tiveram, assim, legitimação baseada no direito divino.

Desse modo, surgiu a visão de que Portugal realizava um colonialismo divino, para cumprir uma missão messiânica. Com base nisso, devemos entender a lógica que existe no fato de a Igreja Católica ter-se tornado parte do projeto colonialista português – no século XVI d.C., havia em Portugal correntes messiânicas que entendiam o país como escolhido por Deus.

3.4.2 Os jesuítas e a catequização do Brasil

Mesmo que não tenham sido os primeiros missionários a chegar em terras brasileiras, certamente os jesuítas foram os que mais marcaram a experiência religiosa no decorrer do Brasil Colonial. **Manuel da Nóbrega**, primeiro provincial da Companhia de Jesus no Brasil, teria chegado ao país em 1549. Nesse mesmo ano, escreveu ao provincial de Lisboa: "Esta terra é nossa empresa [...]. Não deixe lá mais que uns poucos para aprender, os demais venham" (Nóbrega, 1955, p. 34). Nóbrega chegou ao Brasil acompanhando a armada de Tomé de Souza, que veio para criar o Governo Geral (Leite, 1955, p. 13). Missão jesuíta e colonialismo português no Brasil têm, portanto, a mesma data de nascimento. Com a vinda posterior de Mem de Sá para ocupar o lugar de Tomé de Souza, a unificação de esforços entre colonização e missão jesuítica foi ainda maior, de forma que, de 1559 a 1570, Nóbrega foi mais estadista do que evangelizador católico (Leite, citado por Nóbrega, 1955, p. 24-27). De acordo com a compreensão de Serafim Leite (1955, p. 24-25), o mais renomado historiador do jesuitismo brasileiro,

> a conversão do Gentio continuou a ser fundamental, mas subordinada por assim dizer a uma intenção política imediata: o estabelecimento de uma autoridade robusta, que permitisse a segurança dos moradores e a expansão territorial indispensável para o progresso da conversão. Nem a autoridade civil nem o alargamento material eram de sua competência. Mas apresentavam-se-lhe como postulados missionários e achou, no Governador Mem de Sá, o homem ilustrado e fiel, prudente e corajoso, capaz de executar o que sua experiência lhe ditava.

Quanto ao modelo missionário, Nóbrega foi de opinião que primeiramente é necessário sujeitá-los e fazê-los viver como criaturas racionais (Nóbrega, 1955, p. 278). Os indígenas deviam viver sob temor e sujeição, de tal forma que, "se S. A. [Sua Alteza] os quer ver todos convertidos mande-os sujeitar e deve fazer estender os cristãos pela terra adentro e repartir-lhes o serviço dos índios àqueles que os ajudarem a conquistar e senhorear, como se faz em outras partes de terras novas" (Nóbrega, 1955, p. 280-281).

Além das proibições de que praticassem antropofagia, guerreassem sem licença do governador, fossem polígamos, andassem nus e tivessem feiticeiros, Nóbrega acrescentou que era necessário "fazê-los viver quietos sem se mudarem para outra parte, se não for para entre cristãos, tendo terras repartidas que lhes bastem, e com estes Padres da Companhia para os doutrinarem" (Nóbrega, 1955, p. 283). Com isso, temos o surgimento do modelo missionário dos **aldeamentos**, e Nóbrega opinou que, sem eles, "não se podem doutrinar nem sujeitar nem metê-los em ordem" (Nóbrega, 1955, p. 284).

Essa descrição do primeiro provincial da Companhia de Jesus do Brasil (e, por conseguinte, da América Latina) sintetiza bem as intenções primitivas do projeto missionário. A sujeição e o aldeamento dos nativos foram vistos como o único meio de educar seus filhos e netos e, dessa forma, cristianizá-los.

Educação e civilização, sujeição à autoridade e adoração a alguma coisa (Nóbrega, 1955, p. 217, 220s), bem como as mudanças de comportamento descritas, são vistas como condições necessárias para a cristianização dos indígenas. Essa perspectiva missionária marcou indelevelmente o catolicismo colonial e constitui-se no transfundo segundo o qual se deu a presença protestante temporária anos mais tarde.

Nem a autoridade civil nem o alargamento material eram da competência de Manuel da Nóbrega, mas ele encontrou no governador Mem de Sá, a partir de 1558 d.C., "o homem ilustrado, fiel, prudente e corajoso capaz de executar o que sua experiência lhe ditava" (Leite, 1955, p. 25).

A conversão do gentio foi subordinada, por assim dizer, a uma intenção política imediata: o estabelecimento de uma autoridade robusta, que permitisse a segurança dos moradores e a expansão territorial.

> **CURIOSIDADE**
>
> A cristianização é imposição de cultura sobre os indígenas! Houve também imposição social. Os índios foram cristianizados e civilizados. Eles não tiveram liberdade de escolher entre seguir a Cristo ou não! A liberdade de escolher era inexistente nessa época.

Com Nóbrega, atuou **José de Anchieta**, o qual procurou meios de comunicação eficientes com os indígenas. José de Anchieta (1534-1597), apelidado de *apóstolo do Brasil*, estudou em Coimbra, tornando-se jesuíta, e veio ao país com Tomé de Souza, em 1549. Atuou por 44 anos no Brasil.

Ele utilizou o teatro para se comunicar com os indígenas, por meio da língua tupi, para a qual produziu a primeira gramática e os primeiros poemas. Como era o único jesuíta sabedor de latim na missão no Estado de São Paulo, coube-lhe, entre os 13 jesuítas, a regência da escola de gramática. Anchieta "compôs arte e vocabulário" em tupi (Machado, 1988, p. 550). Foi sob a sua liderança que se produziu um catecismo jesuíta de catequese; ele se tornou o iniciador da literatura brasileira (Peixoto, 1988, p. 32, 37).

Anchieta demonstrou sua dificuldade em entender a religião e a cultura dos índios, o que demonstrou ao elogiar os ibirajáras, pois "Obedecem a um senhor e não têm mais de uma mulher, nem comem carne humana, nem têm idolatria nem feitiçaria alguma, e, segundo ouvimos, assim em isto como em outras cousas se diferenciam muito dos outros Índios [...]" (Anchieta, 1988, p. 84).

Os indígenas são descritos por Anchieta como gente "encarniçada em comer carne humana e isenta em não reconhecer superior", demonstrando que "tão tiranizados estão do demônio" (Anchieta, 1988, p. 87). Eles tinham suspeitas de que os jesuítas pudessem, conjuntamente com os portugueses, transformá-los em escravos (Anchieta, 1988, p. 108). Para Anchieta (1988, p. 211), o fato de comer carne humana significava perder as almas no inferno. Sobre o fato de alguém dar de comer a outros seus parentes, relata: "Tudo isto vem deles não estarem sujeitos, e em quanto assim estiverem, difícil cousa será afastá-los do jugo de Satanaz, que se tem deles senhoreado" (Anchieta, 1988, p. 176).

Ao descrever a situação da missão jesuítica em Piratininga, Anchieta (1988, p. 196) avaliou que:

> Parece-nos agora que estão as portas abertas nesta Capitania para a conversão dos gentios, se Deus Nosso Senhor quiser dar maneira com que sejam postos debaixo de jugo, porque para este gênero de gente não há melhor pregação do que espada e vara de ferro, na qual mais do que em nenhuma outra é necessário que se cumpra o *compele eos intrare*. Vivemos agora nesta esperança, ainda que postos em perigo, por estar toda terra levantada; e como são ladrões de casa, em cada dia vêm assaltar-nos pelas fazendas e caminhos. (Anchieta, 1988, p. 196)

Se analisarmos o plano jesuítico aplicado por Nóbrega e Anchieta, podemos perceber "um somatório de violência mortal, de intolerância, prepotência e ganância" (Ribeiro, 2015, p. 40). Os jesuítas tinham a esperança de que havia a alternativa de fazer da "expansão europeia a universalização da cristandade [mas] prevaleceu a vontade do colono, que via nos índios a força de trabalho de que necessitava para prosperar" (Ribeiro, 2015, p. 47-48).

A escravidão dos índios prevaleceu no século XVI d.C., sendo superada pela escravidão negra no decorrer do século XVII d.C. (Ribeiro, 2015, p. 75). A redução (ou o aldeamento) jesuítico foi uma forma de cativeiro (Ribeiro, 2015, p. 79), que facilitou o processo de efetiva escravização do indígena brasileiro.

3.5 Índia no século XVIII d.C.: a missão luterana em Tranquebar

Em 1706, desembarcaram na costa sudeste da Índia os dois missionários que criaram o modelo da maioria das missões protestantes em todo o mundo.

Primeiramente, os missionários procuraram entender a cultura indiana, aprenderam a língua, pesquisaram os costumes, analisaram a medicina local e fizeram pesquisas no campo religioso indiano.

Ziegenbalg pregou o Evangelho levando em conta o conhecimento natural de Deus existente entre os nativos e a visão de vida tamil, com o intuito de criar uma igreja luterana própria para aquela cultura. Esse modelo tem sido chamado de *protótipo do missionário evangélico*.

> **PRESTE ATENÇÃO!**
> O termo *tamil* é referente à cultura do sul da Índia (Houaiss; Villar, 2001, p. 2665).

Os relatórios anuais dos missionários despertaram interesse em pessoas de cultura alemã e britânica, bem como nos missionários em toda a Europa protestante, como em Zinzendorf e nos irmãos Wesley.

A missão de Tranquebar teve uma forte influência no reavivamento da vida missionária inglesa. Guilherme Carey foi apoiado por um aluno da missão e aplicou, no norte da Índia, os princípios missionários fundamentais adotados em Tranquebar (Fluck, 2012a, p. 52-64).

Carey, devido às várias culturas presentes no sul da Índia e ao contexto plural, teve de viver em um ambiente de diálogo tenso, mas respeitável, com pessoas de outras tradições religiosas. Ele não se contentou em pregar o evangelho em português, a língua usada pelos mestiços no sul da Índia. Percebeu que, para penetrar profundamente na alma tamil, era necessário comunicar a mensagem na língua materna, como veremos mais adiante.

Já Ziegenbalg julgou importante pesquisar as religiões da região antes de começar a evangelizar. Para ele, o testemunho só poderia ser relevante com o conhecimento aprofundado da realidade espiritual dos nativos, razão por que dedicou-se a conhecer a forma de pensar e sentir. Escreveu pelo menos três livros sobre as religiões: um hinário, uma gramática e um dicionário tamil; seu colega Plütschau escreveu sobre a medicina popular local. Suas obras de pesquisa foram vistas, na época, como irrelevantes em toda a Europa – a primeira foi publicada mais de dois séculos após sua morte, em 1926.

Curiosidade

Os livros escritos por Ziegenbalg foram: *Genealogia dos deuses malabáricos*, *O paganismo malabar* e *A moral malabar*. A primeira obra mencionada é um marco na pesquisa europeia sobre as religiões da Índia.

Ziegenbalg começou por aprender as religiões com o mestre-escola de 70 anos que contratou para a escola em língua malabar. O mestre-escola debateu com ele, a fim de demonstrar-lhe que a verdade estava consigo. Ziegenbalg acreditava que seus argumentos estavam vinculados a um melhor tipo de vida, pois, devido à vida vergonhosa dos cristãos até então conhecidos por ele, não podia, na sua compreensão, haver povo pior no mundo que os cristãos. Ele mencionou a possibilidade de percorrer o interior da Índia vestindo roupas malabares. Nesse aspecto, antecipou o método de inculturação depois utilizado por Hudson Taylor, que adotou a vestimenta chinesa para alcançar os chineses.

Em 1714, Ziegenbalg se utilizou de literatura que polemizasse o paganismo; de viagens para promover a discussão com os pensadores hindus; da catequese das crianças das escolas missionárias em plena rua e nos mais variados locais da cidade; e da apologia aberta do ponto de vista cristão.

3.6 Modelo dialogal de William Carey (baseado principalmente em Raja Ram Mohan Roy, 2019)

William Carey (1761-1834) era um pobre sapateiro inglês até os 28 anos de idade. Como autodidata, aprendeu várias línguas – sua vida mostra o potencial do ser humano comum, proveniente de uma família pobre.

Em 1793, como missionário batista, Carey foi à Índia, onde teve muitos problemas com a Companhia das Índias Orientais Britânica, que tinha o controle sobre o país e era hostil ao trabalho missionário, pois temia que este prejudicasse seus lucros nos empreendimentos comerciais.

Carey ficou em Malda por sete anos. Depois, mudou-se para o território dinamarquês de Seramptore, perto de Calcutá, onde viveu os 34 anos restantes de sua vida. Foi convidado a se tornar professor de Línguas Orientais na Faculdade de Fort William, em Calcutá, o que lhe deu a oportunidade de aperfeiçoar o seu conhecimento das línguas (Tucker, 1986, p. 120-125).

Entre 1801 e 1830, como professor universitário, Carey viajou, todas as semanas, de barco de Serampore até Calcutá, posição que lhe deu prestígio nos círculos literários e governamentais.

A faculdade imitava o modelo de Oxford e Cambridge e dirigia-se à elite intelectual, ou seja, a pessoas que mais tarde seriam funcionários do governo.

Conforme o modelo dialogal de Tranquebar, a missão atribuída a Carey implantou escolas e trabalhou intensamente na tradução e na impressão da Bíblia. Carey partiu de uma visão integral de missão, que envolvia Igreja, educação, medicina, agricultura e ação social, com alternativas de sustento para aqueles que queriam viver outro tipo de vida. O estudo de Carey é importante, pois podemos tê-lo como incentivador do diálogo inter-religioso para a promoção do bem entre os seres humanos, como veremos a seguir.

Um membro muito importante da equipe missionária de Carey foi John Thomas, médico muito dedicado à população das comunidades em que os missionários viviam.

Algo que desafiou profundamente Carey foi a prática centenária hindu do sati: a queima de viúvas junto com seus maridos na cerimônia fúnebre de cremação. Historicamente, as viúvas tinham uma condição precária na Índia, pois eram consideradas inúteis e impuras. As tentativas de superação dessa prática por parte de Carey o conduziram a alianças com o líder hinduísta mais famoso da Índia de sua época.

Curiosidade

O nome da prática vem da deusa hindu Sati, mulher do deus Shiva, que se tornou uma "mulher honrada" ao se imolar – matar-se em sacrifício – na pira funerária do seu marido. O sati, como já mencionamos, levava as mulheres "honradas" a se suicidarem depois da morte dos maridos. Normalmente vestidas com as roupas de casamento, elas se atiravam nas piras funerárias, a fogueira em que se fazia a cremação dos mortos.

A campanha contra o sati efetuou uma mudança radical na lei das colônias anglo-indianas, segundo a qual a prática foi declarada ilegal. Em 1816, Carey pesquisou, com cuidado, os livros sagrados dos hindus e descobriu que esse costume não era requerido pelos livros sagrados (Escrituras) deles, ao contrário do que as pessoas acreditavam. Assim, com a ajuda do líder hindu Raja Ram Mohan Roy (1772-1833) e de muitos outros, os apelos de Carey foram ouvidos e, em 1829, o costume de queimar as viúvas foi legalmente banido do país, mas algumas mulheres da zona rural ainda o praticam.

RAJA RAM MOHAN ROY, O PAI DA ÍNDIA MODERNA

Líder religioso da Índia, reformador social e educacional, transformou a cultura tradicional hinduísta. Também chamado de *pai da Índia moderna*, ele fundou, em 1815, uma sociedade para propagar as doutrinas do hinduísmo monoteísta. Interessou-se pelo cristianismo e aprendeu hebraico e grego para ler o Antigo e o Novo Testamentos.

Em 1820, Raja Ram Mohan Roy publicou o ensinamento ético de Cristo, extraído dos quatro evangelhos, com o título *Preceitos de Jesus, o guia para a paz e a felicidade*. Desempenhou um ativismo social transformador, que criticava a idolatria e a superstição no hinduísmo tradicional, denunciou o sistema de castas e atacou o costume do sati. Escreveu ao Conselho Governante da Índia Oriental Britânica, com vistas ao ato decisivo que conduziu à proibição do sati em 1829.

O **hinduísmo** corresponde ao "conjunto da religião indiana" (Houaiss; Villar, 2001, p. 1533).

Raja Ram Mohan Roy e Carey se concentraram nos pontos que tinham em comum e se uniram, em vez de ficarem discutindo suas diferenças. Sem o apoio de Raja Ram Mohan Roy, a campanha contra o costume do sati teria sido vista apenas como opinião de um estrangeiro. Além do mais, ele era respeitado pelos demais líderes hindus, um respeito que Carey não tinha.

Carey dava grande valor à cultura indiana e sua literatura nos aspectos que não contradiziam as escrituras, ao ponto de crer que deviam ser retomadas e usadas apropriadamente. Ele traduziu os clássicos da literatura indiana, incluindo os *shastris*, as Escrituras hindus, do original sânscrito para o bengali comum. Quanto a essas traduções, devemos entender suas razões: Carey queria mostrar que, nas Escrituras hindus, costumes desumanos como o sati não eram exigidos pelos deuses. Além disso, pretendia encontrar um argumento contra as imposições dos brâmanes, líderes religiosos, que estivesse em suas próprias Escrituras. Entre as obras traduzidas, estão o *Ramayana* e o *Mahabharata*.

Curiosidade

Ramayana é um épico sânscrito atribuído ao poeta Valmiki. É uma parte importante das Escrituras hindus, redigidas há três mil anos. O nome *Ramayana* é um composto de *Rāma* e *ayana* – "indo" e "avançando" –, cuja tradução é "a viagem (marcha) de Rama". O livro, tido como o mais representativo da alma índia, conta a história do príncipe Rama.

Já a obra *Mahabharata* apresenta a "grande história dos Bharata", mundo mítico em que os deuses e os demônios se mesclam com os homens, no qual os animais falam e raciocinam e os fenômenos da natureza, os rios e as montanhas são seres vivos. Parte do entendimento de que a transmigração permite às criaturas mudar de corpo após a morte (Demetrian, 2010, p. 7-10).

Carey foi a primeira pessoa a resistir aos assassinatos e à opressão generalizada das mulheres, eventos que eram sinônimos do hinduísmo dos séculos XVIII e XIX d.C. Na Índia, os homens oprimiam as mulheres por meio da poligamia, do infanticídio de meninas, do casamento entre crianças, da queima de viúvas (o sati), da eutanásia e do analfabetismo obrigatório, práticas aprovadas pela religião na época. A cegueira espiritual e moral controlava as massas. Carey reconheceu que a sua própria sociedade, o Império Britânico, era igualmente culpada por práticas tão cruéis.

Assim, juntamente com William Wilberforce, na Inglaterra, Carey foi um dos que protestaram fortemente contra a instituição desumana da escravatura. Wilberforce foi educado na fé pelo pastor John Newton (autor da música *Amazing Grace*), que antes havia sido traficante de escravos. Dedicou-se à luta pela libertação dos escravos na Inglaterra, conseguindo, em 1807, a proibição do tráfico e, finalmente, em 1833, a libertação deles no país (Glatz, 1994, p. 1847).

Na época da morte de Carey, ocorrida em 9 de junho 1834, o sapateiro de vila havia traduzido a Bíblia completa para mais de seis idiomas diferentes e parte dela em outras 29 línguas. Estudantes dos Departamentos de Letras, Literatura e Educação o reconhecem como o primeiro tradutor dos grandes clássicos religiosos da literatura indiana para a língua inglesa.

Foi professor de bengali, sânscrito e marathi no *Fort William College*, em Calcutá, e escreveu o primeiro dicionário de sânscrito para estudiosos.

Em vida, fundou mais de 100 escolas rurais para crianças de todas as castas – por mais de três mil anos, a cultura religiosa proibiu o acesso à maioria dos indianos ao conhecimento, estratégia das altas castas para controlar as castas inferiores. Também fundou a Faculdade de Serampore, elevada à categoria de universidade, e a Sociedade de Horticultura da Índia; introduziu o conceito de *poupança bancária* para ajudar os fazendeiros hindus; e publicou o primeiro jornal hindu, *Samachar Darpan*, e o *Amigo da Índia*, o precursor do jornal *O Estadista*.

Além disso, criou dicionários e gramáticas em cinco línguas diferentes. Seu esforço literário o ajudou a dominar o sânscrito para traduzir a Bíblia para esse idioma, considerado pelos brâmanes como o único idioma sagrado. Por meio do trabalho de tradução, ele adquiriu uma melhor compreensão da cultura hindu, o que lhe trouxe vantagens econômicas. Como havia uma grande demanda por esses livros na língua bengali, o lucro arrecadado ajudou-o na publicação da Bíblia em outras línguas.

Carey escreveu baladas do Evangelho em bengali para atrair aos cultos hindus que amavam a música. Transformou o bengali, considerado apropriado somente para mulheres e demônios, na língua mais importante da Índia – seu objetivo sempre foi criar uma literatura vernácula, nacional (Tucker, 1986, p. 120-125). Ele trouxe uma grande contribuição para o diálogo inter-religioso com vistas à promoção do bem dos seres humanos.

3.7 Modelo dialogal de Adoniram Judson

Adoniram Judson (1788-1850) teve uma história diferente de Carey. Foi filho de um clérico congregacional de Nova Inglaterra. Latourette (1941, p. 79-81) descreveu-o como tendo "uma mente brilhante, sendo precoce intelectualmente e possuidor de marcada vivacidade e charme".

Quando ingressou na faculdade, não tinha grande interesse por questões religiosas. No entanto, alguns meses após o seu ingresso, a morte de um colega cético promoveu uma pausa em sua vida e ele entrou, em 1808, para o Seminário Teológico de Andover.

Em 1809, leu um sermão de Cláudio Buchanan, capelão da Companhia das Índias Orientais, que era um ardente advogado das missões na Índia. Esse sermão determinou o chamado missionário de Judson e que a Índia se tornasse seu destino. Em Andover,

Mills e Judson falaram aos estudantes, aos professores e a clérigos proeminentes sobre seu destino, o que levou à criação, em 1810, da Junta de Comissionados para as Missões Externas, que incluiu gente de Connecticut e de Massachusetts como membros (Latourette, 1941, p. 80). Em 1812, a nova organização, legalmente incorporada sob o nome da *Junta Americana de Comissionados para Missão Externa*, enviou o primeiro grupo de missionários com destino à Ásia.

Como Judson se tornou batista na Índia após conversas com Carey, ele se separou da junta que o enviara e apelou por sustento aos batistas dos Estados Unidos. Em resposta a esse apelo, foi criada, em Boston, a Sociedade Batista para Propagação do Evangelho na Índia e em outras nações. Forçado a sair da Índia pela Companhia das Índias Orientais, Judson mudou-se para a Birmânia, para a cidade de Amherst, e lá iniciou uma notável missão (Latourette, 1941, p. 82). Desse modo, enquanto seus amigos se definiram pela missão entre indígenas, Judson direcionou-se à missão na Ásia, estabelecendo vínculo com o movimento missionário em Andover, onde foi o primeiro a decidir pelo trabalho missionário (Warburton, 1947, p. 51).

Na Birmânia, uma região marcada pela religiosidade budista, Judson queria mesclar-se com o povo e alcançá-lo onde estivesse – para tal, a solução foi um *zayat*. O *zayat* era um abrigo aberto para quem quisesse descansar, pernoitar, discutir ou ouvir professores leigos budistas. Havia diversos abrigos desses na Birmânia, e Judson também organizou um (Tucker, 1986, p. 133-137). Ele desmontou o antigo *zayat* que tinha em Rangun, transformando-o em moradia em Amherst.

Figura 3.2 – *Zayat*

A parte frontal da casa tinha um grande quarto em forma de um *zayat*, aberto para quem quisesse entrar e se sentar. Geralmente, o *zayat* de Judson estava cheio de pessoas de manhã até a noite. Era frequentado por vizinhos, por um sacerdote budista, por hinduístas e por vários homens e mulheres. Além disso, Judson instalou o *zayat* em uma das ruas mais movimentadas da cidade, em que islamitas e sacerdotes budistas travavam fortes discussões (Warburton, 1947, p. 120-122) a respeito dos pensamentos religiosos. Judson tinha a intenção de anunciar a mensagem cristã, mas teve de fazê-lo por meio do diálogo com os outros pensamentos religiosos da Birmânia (Warburton, 1947, p. 187).

Assim, o *zayat* de Judson foi uma forma de identificação com a cultura da Birmânia; era um lugar ideal para estar em contato com o povo (Tucker, 1986, p. 133).

Judson também assistiu, por várias vezes, as preleções de professores budistas e leu uma grande quantidade de escritos budistas. Fez o máximo possível para aprofundar seu conhecimento sobre a literatura birmanesa, na época escrita em folhas de palmeira, e conheceu muito das lendas e dos poemas budistas. Ele demorou seis anos até começar a palestrar e se manifestou oficialmente (Warburton, 1947, p. 104).

Ele também se vestia com o mesmo tipo de vestes dos sacerdotes budistas e se adequava à forma budista de falar. Procurou achar um caminho cristão no budismo, ensinava e pregava em seu aberto *zayat*, nas proximidades do Grande Pagode. Geralmente, os *zayat* eram locais de meditação que transbordavam de adoradores reverentes (Warburton, 1947, p. 192-194).

Desse modo, conseguiu ter êxito em debates polêmicos com pensadores astutos e engenhosos sobre os ensinamentos metafísicos e teológicos do budismo e do cristianismo.

Em 1823, concluiu a tradução do Novo Testamento do grego para o birmanês e, em 1840, a do Antigo Testamento do original hebraico para o birmanês – sendo estas duas línguas complexas.

Judson aprendeu a se identificar com a cultura e os costumes do local, estudou a língua e as religiões do país, bem como aprendeu a respeitar e a debater com o povo. Ele foi o primeiro missionário a ser enviado dos Estados Unidos. Certamente outros seriam enviados, mas não tão cedo como ele, já em 1810. Ele se destacava pelo seu dom de liderança, além de ser intelectual e socialmente brilhante (Warburton, 1947, p. 51- 67).

Por fim, Judson utilizava o mesmo método dos professores budistas para ensinar, em que, ao falar, permanecia sentado tanto no *zayat* quanto na igreja (Warburton, 1947, p. 257).

SÍNTESE

Neste capítulo, analisamos alguns modelos de diálogo na história do cristianismo.

Vimos que Justino foi o primeiro filósofo de destaque que se converteu a Cristo e que passou a ensinar a filosofia cristã sem abrir mão da sua base acadêmica, inserindo o cristianismo na história intelectual do século II d.C. Depois, tratamos da Escola Teológica de Alexandria, no Egito, que defendeu a visão cristã, sempre levando em conta as visões variadas existentes naquele contexto múltiplo – com base nisso, a escola desenvolveu a interpretação alegórica da Bíblia.

Tratamos sobre Bartolomeu de las Casas, o grande defensor dos indígenas latino-americanos, que desenvolveu um método contextualizado de comunicar a mensagem, com respeito à cultura em que atuava no decorrer do século XVI d.C., bem como em defesa da dignidade dos nativos. Também apresentamos o modelo missionário desenvolvido por Manuel da Nóbrega e José de Anchieta com os indígenas brasileiros e o modelo missionário articulado no sul da Índia a partir de 1706 d.C. A profunda sensibilidade dos luteranos atuantes nessa região é muito interessante.

Vimos ainda um pouco da história de William Carey, o sapateiro batista inglês que se destacou pela prática do engajamento social, lutando contra as práticas de feminicídio existentes na Índia, a eutanásia, o analfabetismo obrigatório dos pobres e a escravidão praticada pelos ingleses no país.

Por fim, tratamos do método de Adoniram Judson, que aprendeu a respeitar a cultura e as religiões da Birmânia, a qual dedicou sua vida.

ATIVIDADES DE AUTOAVALIAÇÃO

1. Justino foi um dos primeiros apologetas cristãos. É correto afirmar que os apologetas são:
   A) cristãos intelectuais que passaram a elaborar defesas do cristianismo e a apresentá-las àqueles que não tinham conhecimento a respeito dele.
   B) famílias pagãs e gregas que procuravam a sabedoria em várias escolas filosóficas.

c] cristãos que seriam os autênticos herdeiros da civilização greco-romana.
d] filósofos gregos que assimilaram de Moisés e dos profetas judaicos as verdades que expressaram em seus ensinamentos.
e] filósofos que se infiltraram no cristianismo para chamar atenção sobre si.

2. Assinale a alternativa que se refere a Justino:
   a] Foi um morador de Alexandria que sofreu forte influência do alegorista judeu Filo.
   b] Clemente de Alexandría adotou um vocabulário associado à temática da acomodação divina como chave hermenêutica para tratar do tema da encarnação de Cristo na abordagem primitiva da cristologia.
   c] Sua obra exegética se concentra, sobretudo, no tratado que ele desenvolveu, denominado *Sobre os princípios (Perì archôn)*.
   d] Articulou, pela primeira vez, a relação entre Cristo e a cultura greco-romana, tema que a Escola Teológica de Alexandria desenvolveu de forma mais precisa.
   e] Buscou alunos para a sua escola filosófica entre os cristãos de Roma.

3. Bartolomeu de Las Casas (1474-1566) era filho de um mercador que embarcou para a América Latina na segunda viagem de:
   a] Pedro Alvares Cabral, em 1500.
   b] Colombo, em 1493.
   c] Clemente, em 1474.
   d] Cisneros, em 1516.
   e] Carlos V, em 1517.

4. Respeitou a cultura e a religião dos indígenas; não impôs sua cultura sobre eles; teve uma postura ativa de defesa do direito dos nativos da América Latina; tornou-se o maior defensor

dos indígenas durante o período colonial espanhol, por isso, foi um estímulo ao diálogo com outras culturas e religiões. Quem foi essa pessoa?

A) Antonio Vieira.
B) Adoniram Judson.
C) Bartolomeu de Las Casas.
D) William Carey.
E) Carlos V.

5. Assinale com (V) as assertivas verdadeiras e com (F) as falsas.

[ ] Por 12 anos, Las Casas viveu em São Domingos, onde se dedicou a trabalhos literários. Foi à Nicarágua, mas teve de fugir para a Guatemala devido às reações dos colonizadores contra suas ideias pacifistas de colonização.

[ ] Em 1537, Las Casas escreveu *O único modo de chamar todos os povos à fé*, no qual diz que os indígenas deveriam ser organizados em comunidades formadas por cinco ou seis caciques com suas famílias (cerca de cinco mil índios).

[ ] A tese central do livro *O único modo de chamar todos os povos à fé* afirma que os índios estão incluídos na ordem de Cristo de pregar o Evangelho a todas as criaturas.

[ ] Ao contrário da opinião generalizada de que os índios eram seres sem alma, portanto incapazes de serem evangelizados, Las Casas considerava-os seres dotados de entendimento excepcional.

[ ] Para Las Casas, era desnecessário encontrar meios de mover e atrair suavemente a vontade dos indígenas, por meio de muita persistência e repetição, até que o cristianismo se tornasse hábito.

Agora, assinale a alternativa que apresenta a sequência correta:

A) V, F, F, V, F.
B) V, V, V, V, F.
C) F, V, F, V, F.
D) F, F, F, V, V.
E) V, V, V, F, F.

Atividades de aprendizagem

Questões para reflexão

1. Sobre Bartolomeu de Las Casas, como você define, hoje, a situação dos indígenas brasileiros quanto à evangelização? Ainda existem preconceitos?
2. Em 1706, na costa sudeste da Índia, desembarcaram os dois missionários que viriam a criar os modelos para a maioria das posteriores missões protestantes em todo o mundo. Um deles, Ziegenbalg, julgou importante pesquisar as religiões do local e dialogar com as expressões religiosas. Qual a preocupação, na contemporaneidade, em organizar e promover o diálogo inter-religioso?

Atividades aplicadas: prática

1. Qual a importância de conhecer a cultura de um povo?
2. Em Atos dos Apóstolos, 1: 8, afirma-se: "Mas recebereis poder ao descer sobre vós o Espírito Santo, e sereis minhas testemunhas, tanto em Jerusalém como em toda a Judeia e Samaria e até os confins da Terra". Como ênfase global, a Grande Comissão deve ser cumprida. Trace um paralelo entre essa Grande Comissão e os dias atuais.

TIPOS DE DIÁLOGO COM RELIGIÕES MONOTEÍSTAS

O monoteísmo define-se como crença na existência de um único Deus, contrapondo-se ao politeísmo.

Como base teológica para o diálogo com outras religiões monoteístas, devemos mencionar o elemento comum, que é o fato de Abraão ser a base do judaísmo, do cristianismo e também do islamismo, o que tem fundamentado a abordagem que sublinha o parentesco dessas três religiões monoteístas.

Vejamos alguns tipos de diálogo com religiões monoteístas.

4.1 Diálogo com o judaísmo

O monoteísmo estrito não foi algo consensual na história do povo judeu. As inúmeras polêmicas dos profetas sobre a idolatria são evidentes. Desde Elias e Eliseu, as lutas com Baal são marcantes. Segundo Küng (2013, p. 43), somente a partir do século VII a.C. se impôs, na história de Israel, a veneração exclusiva a Javé. O Deus único, seu povo e a terra são os três elementos centrais da crença do judaísmo.

No atual diálogo judaico-cristão, o debate sobre a pessoa de Jesus é uma questão central. O judaísmo reconhece-o como homem com caráter autenticamente judeu. Sua morte, suas atividades e seus sentimentos têm a índole judaica. Ele não é tido como mito, mas sim como figura histórica claramente localizável.

Portanto, Jesus é tido pelo judaísmo como um judeu modelar, porém somente humano. Nega-se a declaração de que Ele seria divino, o que é considerado produto da dogmática cristã tardia, consequência da influência helenística. O Cristo (divinizado) é inaceitável no judaísmo (Küng, 2013, p. 297-301).

> **PRESTE ATENÇÃO!**
> *Dogmática* é a "exposição intelectual e sistemática dos dogmas e/ou doutrinas religiosas" (Houaiss; Villar, 2001, p. 1071). Muitos entendem os dogmas como imutáveis. A partir do século III d.C., as doutrinas passaram a ser expostas segundo as ideias dos filósofos gregos (Lohse, 1981, p. 10-28).

A cristologia e a trindade são doutrinas que quase impossibilitam um diálogo entre o cristianismo e o judaísmo. As duas naturezas (humana e divina) em Jesus Cristo são inaceitáveis sob a ótica do judaísmo (Küng, 2013, p. 305).

No diálogo judaico-cristão, Jesus é descrito como profeta messiânico dos pobres, em especial no debate entre Jürgen Moltmann, Buber e Bem-Chorin. É acentuada a ênfase que Jesus colocou ao chamar Deus de *Abba*, "paizinho" no aramaico, língua das famílias judaicas. A ênfase trinitária produz dificuldades para os judeus em virtude da polêmica monoteísta. A definição de quem era a pessoa de Jesus Cristo destaca-se, assim, como ponto relevante no debate entre judaísmo e cristianismo (Küng, 2013, p. 306-307).

> **PRESTE ATENÇÃO!**
> A ênfase trinitária surge da ideia que Deus se apresenta como três pessoas. No século IV e V d.C., desenvolveu-se a formulação sistemática pormenorizada desse dogma (Lohse, 1981, p. 43-76).

Mesmo que esteja claro que a pregação de Jesus foi pacífica, a cena da purificação do templo por parte Dele levanta a questão da provocação profética. A ação contra a comercialização do uso do templo, por parte de oportunistas, levou historicamente a uma série de reinterpretações. Naturalmente, essa não é a interpretação que muitos quiseram fazer do episódio, ou seja, não se trata de uma revolução messiânico-sionista.

> **Preste atenção!**
> O sionismo é o nacionalismo judaico moderno surgido de uma origem que se confunde com a memória religiosa e nacional do povo judeu, mas que nasceu muito mais recentemente, na Europa do século XIX d.C. O messianismo-sionista atribui a Deus tudo aquilo que ocorre no Israel pós-século XIX d.C. (Küng, 2013, p. 273-289).

Jesus não divulgou uma luta de classes que transformava as pessoas em amigos e inimigos. Pelo contrário, ensinou a amar os inimigos, a perdoar e a sofrer, propagando a bem-aventurança dos pacificadores (Küng, 2013, p. 309-310). Por outro lado, não foi um fariseu piedoso. Após a destruição do templo de Jerusalém, os fariseus se tornaram os principais adversários das nascentes comunidades cristãs que se expandiram em Israel e defendiam a convicção de que Israel era um reino de sacerdotes e de povo santo.

Os fariseus pretendiam determinar o que se podia fazer sem pecar. Estabeleceram, então, os 39 trabalhos proibidos no sábado. Mesmo que existam pontos em comum entre Jesus e os fariseus, temos que distinguir Jesus como o que Küng (2013, p. 313-315) chama de uma espécie de *fariseu do amor*.

Depois da destruição do templo de Jerusalém em 70 d.C., os fariseus foram fundamentais para a sobrevivência espiritual do judaísmo. O farisaísmo moderado de Hillel se tornou normativo, uniformizando a interpretação da lei e reduzindo a pluralidade de posições.

Segundo Küng (2013, p. 133-135), com os rabinos e os sacerdotes desenvolveu-se um paradigma rabínico-sacerdotal, que se tornou a substância da fé judaico-israelita, o ponto de referência do povo judeu, disperso por todo o mundo. Os rabinos se tornaram uma norma e um modelo. Eles pretendiam ser considerados "uma espécie de Torá encarnada", a lei de Moisés, constante nos cinco primeiros livros da Bíblia hebraica. A esperança messiânica estava vinculada à observância da lei.

Os rabinos estabeleceram 613 prescrições (248 preceitos e 365 proibições) como normas do judaísmo (Küng, 2013, p. 140). Tudo era normatizado para que o judeu pudesse saber como se guiar, pois o judaísmo não era uma religião nacional, já que a maioria dos seguidores vivia dispersa pelas nações, portanto, na diáspora.

No ano da destruição do templo, havia dois milhões de judeus na Palestina, quatro milhões fora dela, no Império Romano, e um milhão na Babilônia e em outros países. O judaísmo passou de uma religião nacional a uma religião da Torá. Como a tradição se desenvolveu, a autoridade dos rabinos se tornou elemento fundamental para manter a religião (Küng, 2013, p. 143-145).

FIGURA 4.1 – Torá, símbolo máximo do judaísmo depois da destruição do templo de Jerusalém

O que era um antijudaísmo pagão-estatal, presente no Império Romano, tornou-se um antijudaísmo cristão-eclesial, a partir da época de Constantino, que declarou o cristianismo como uma religião reconhecida no Império desde 312 d.C.

Assim, o cristianismo passou a sustentar-se em um sistema ideológico. Com isso, deixou de haver diálogo entre a igreja e a sinagoga. A apologia do cristianismo substituiu o diálogo e, a respeito do povo judeu, passou a ser anunciada a maldição de Deus (Küng, 2013, p. 153-154).

O anti-islamismo do início das cruzadas, a partir de 1099 d.C., foi também uma das causas do antijudaísmo. Desde o século XIII d.C., os judeus passaram a ser difamados na Europa praticamente como "porcos" (Küng, 2013, p. 164-165). Essa representação medieval está presente em inúmeros templos dos séculos XIII e XIV d.C., como podemos ver no prédio em que Martinho Lutero pregou inúmeras vezes, em Wittenberg, na Alemanha.

FIGURA 4.2 – Rabinos judeus representados como porcos em uma escultura externa da Igreja da Praça do Mercado de Wittenberg (Alemanha)

Marlon Ronald Fluck

Nas catedrais medievais, geralmente a sinagoga (o judaísmo) era representada por uma mulher cega.

Quando as epidemias ou algum terremoto chegavam a um local na Idade Média, os judeus eram tidos como culpados pelo que era considerado sinais de maldição divina (Küng, 2013, p. 170).

As discriminações contra os judeus persistiram até o desastre manifestado durante o período nazista e reapareceram no século XXI d.C., sob várias formas de neonazismo e outras demonstrações discriminatórias.

Tudo isso contrasta com a mensagem dos evangelhos, em que é descrito que Jesus comeu com os piores colaboracionistas (publicanos) e apresentou os samaritanos como modelo, os quais eram mais odiados pelos judeus do que os gentios. Entre os cobradores de impostos, Jesus escolheu Mateus para se tornar um de seus apóstolos (Bíblia. Mateus, 2009, 9: 9-11).

PRESTE ATENÇÃO!

Colaboracionista (publicano) é aquele que colaborava com os dominadores romanos, cobrando impostos para eles (Houaiss; Villar, 2001, p. 2330).

4.2 Diálogo com o cristianismo

O cristianismo, no decorrer de sua história, foi desenvolvendo doutrinas que foram se tornando cada vez mais rígidas.

A partir do século II d.C., elaborou-se o Credo Apostólico, também conhecido como *Símbolo Batismal*, pois a concordância com ele era o pressuposto para a recepção do batismo. Esse credo foi necessário como forma de estabelecer restrições à mentalidade gnóstica, que entendia o mundo material como algo mau. Ainda no século II d.C., surgiu a necessidade de definir a confissão de fé em

Deus Pai, Todo-Poderoso, em Jesus como filho unigênito (o único nascido de Deus) e no Espírito Santo. Este é o mínimo para alguém ser aceito para receber o batismo cristão (Fluck, 2012b, p. 39-43).

Mais tarde surgiu a discussão sobre a visão teológica de Ário, o qual visava sublinhar a subordinação de Jesus a Deus Pai. Para destacar isso, Jesus foi definido como sendo o primeiro ser criado por Deus. Ário não reconhecia em Jesus o próprio Deus e declarava, assim, que eles não eram da mesma substância. A Igreja precisou, então, se posicionar diante da questão: Jesus é uma criatura situada em um grau inferior ou ele próprio é Deus? O Concílio de Niceia, em 325 d.C., estabeleceu a definição de que Cristo é consubstancial ao Deus Pai, o que constitui o primeiro dogma da história do cristianismo (Lohse, 1981, p. 13, 56).

> **PRESTE ATENÇÃO!**
> *Dogma* é um elemento doutrinário tido por algumas igrejas como indiscutível (Lohse, 1981, p. 7-28).

Depois de estabelecer a relação entre Deus Pai e Jesus no Concílio de Niceia, seguiu-se o debate sobre a relação destes na trindade. No Concílio de Calcedônia (451 d.C.), definiu-se a doutrina das duas naturezas em Jesus Cristo e da cristologia. Cristo foi então definido como completamente divino e completamente humano.

Agostinho de Hipona, o Santo Agostinho, mantinha um método alegórico de interpretação bíblica no esforço de entender o mistério e compreender a verdade, evitando o conhecimento vazio a serviço de um falso conhecimento. Em *Confissões*, ele expressou sua angústia no processo de interpretação das escrituras (Souza, 2015, p. 90). Depois, desenvolveu a doutrina do pecado e da graça, que também se tornou um dogma cristão.

Durante a Idade Média, as universidades produziram a teologia universitária, denominada *escolástica*. Nesse período surgiu, também, a definição doutrinária católico-romana sobre os sete sacramentos. Antes, o número era maior, conforme o teólogo. O Concílio de Trento (de 1545 a 1563 d.C.) definiu como sacramentos: o batismo, a crisma, a eucaristia, a confissão, a unção dos enfermos, a ordem e o matrimônio.

FIGURA 4.3 – Os sete sacramentos do catolicismo romano

Ordem
Batismo
Crisma
Matrimônio
Unção dos enfermos
Confissão
Eucaristia

Lorelyn Aredina/Shutterstock

No ano de 1054, houve uma ruptura permanente entre as igrejas cristãs: de um lado, permaneceu o catolicismo romano, submetido à autoridade papal; do outro lado, várias igrejas orientais uniram-se em torno do poder do patriarca de Constantinopla, constituindo a Igreja Católica Apostólica Ortodoxa, mais conhecida como *Igreja Ortodoxa*, evento que deu origem a duas Igrejas claramente delineadas (Ferguson, 2017, p. 477-481).

Desde o Concílio de Niceia, eram reconhecidos cinco patriarcados na Igreja cristã: Jerusalém, Antioquia, Alexandria, Roma e Constantinopla. Com o avanço islamita, que dominou as cidades de Jerusalém, Antioquia (na Síria) e Alexandria (no Egito), somente restaram Roma e Constantinopla até o século XV d.C. No século XI d.C., ocorreu a separação clara entre o cristianismo no Ocidente e no Oriente.

FIGURA 4.4 – Templo da Igreja Ortodoxa

Na Idade Média, a Igreja Católica Romana desenvolveu a doutrina de que ela teria recebido de Deus um tesouro de verdades, do qual nada pudesse vir a se perder. Baseado nessa concepção, o catolicismo romano defendeu não só que as doutrinas que apregoa são infalíveis, como fez no Concílio de Trento (1545-1563 d.C.) e no Concílio Vaticano I (1869-1870 d.C.), mas também que as doutrinas eram revelação, e não fruto de desdobramentos de fatores históricos (Lohse, 1981, p. 13).

As Igrejas surgidas da Reforma Protestante nunca aceitaram a visão de que os dogmas fossem infalíveis. Mesmo que Lutero, Zwínglio e Calvino não tenham entendido as decisões dos concílios como infalíveis, eles não as viram como prejudiciais e optaram por denominá-las *confissão de fé* ou *escritos confessionais* (Lohse, 1981, p. 14). O papel desempenhado pelo direito eclesiástico no catolicismo romano nunca foi legitimado pelos reformadores, que seguiram Lutero na declaração de que tanto o Papa quanto os concílios falharam.

Em cada período histórico, os cristãos procuraram expressar sua fé em forma de confissão. "O desenvolvimento histórico-dogmático das doutrinas da Trindade e da Cristologia tem seu ponto de partida nos primórdios da Igreja, mesmo que tenha levado muito tempo até que tais doutrinas realmente fossem formuladas" (Lohse, 1981, p. 14).

O estabelecimento do batismo e da Santa Ceia como momento especial de confissão de fé ressaltou a importância de se ter clareza na fé e nas suas expressões. O surgimento de expressões filosóficas exige também clareza nas formulações teológicas (Lohse, 1981, p. 16).

A Igreja Ortodoxa do Oriente considera os dogmas definidos no Concílio de Niceia de 787 d.C. como os últimos. Portanto, não reconhece os concílios católico-romanos realizados após essa data (Lohse, 1981, p. 26).

A verdade acerca de Deus não pode ser um meio de manipulação das outras pessoas. Deus não pode ser transformado em posse privada para a promoção de si mesmo ou promoção do bem próprio. A fé verdadeira colabora com a promoção da vida, a qual se manifesta em forma de ciência e religião. Somos desafiados a fortalecer uma relação que favoreça a tolerância e a unidade (Souza, J. N., 2015, p. 77-79).

Após a morte dos reformadores, ocorreu o período da ortodoxia protestante, tanto do tipo luterano como calvinista. Esse período transcorreu nos séculos XVII e XVIII d.C. Houve muitos conflitos sobre qual seria a doutrina "correta". Os pregadores passaram a ser julgados pela doutrina "correta", e não necessariamente pela vivência da fé. No meio luterano, isso gerou como reação o movimento pietista (veja mais em Fluck, 2012a, p. 23-75); nos meios calvinistas, foram realizadas amplas discussões sobre a predestinação. Os Concílios de Dort (na Holanda, em 1618 e 1619) e de Westminster (em Londres, Inglaterra, de 1643 a 1649) estabeleceram **declarações de fé**, que passaram a ser elementos definidores de doutrinas calvinistas ortodoxas. O Concílio de Dort excluiu o movimento arminiano do meio calvinista, o que até hoje gera debates acalorados entre os grupos evangélicos. Na Inglaterra, a ortodoxia calvinista gerou como reação o puritanismo, bem como dogmas protestantes que serviram historicamente como elementos inibidores do diálogo entre os vários agrupamentos protestantes.

Com o desenvolvimento histórico, surgiu a necessidade de formular, em novos termos, as confissões, visto que estas precisam estar constantemente em diálogo com os contextos em que as Igrejas se desenvolvem e com a revelação constante nas Escrituras do Velho e do Novo Testamento.

As Igrejas protestantes históricas partem da falibilidade dos dogmas, uma vez que estão vinculados a momentos históricos específicos e sujeitos a interpretações. Assim, houve a convicção de que, na metade do século XX d.C., mais especialmente na época do nacional-socialismo, não eram somente questões superficiais que estavam em discussão no contexto alemão, mas, sim, que a fé cristã estava correndo risco. Por esse motivo, o protestantismo na Alemanha viu a necessidade de elaborar uma declaração teológica em Barmen, em 1934, em que diz que a Igreja nega Cristo quando se submete a um regime ditatorial, como o nazismo.

As confissões de fé necessitam de interpretação caso a Igreja queira declará-las suas nesta época em que vivemos. A tarefa da história dos dogmas não é criticar as declarações de fé, mas sim interpretá-las (Lohse, 1981, p. 23-25).

Como podemos perceber, no cristianismo há vários posicionamentos doutrinários, o que mostra a necessidade de diálogo inter-religioso na sua própria casa, ou seja, muito antes de dialogar com as outras religiões, o cristianismo tem de alimentar o diálogo internamente.

4.3 Diálogo com o islamismo

Hoje, está evidente a necessidade de diálogo entre o cristianismo e o islamismo. O diálogo só ocorre onde há o desejo de compreender a fé do outro e o compromisso de responsabilidade para com o mundo e para com todos os seres humanos, sem exceção (Amirpur, 2015, p. 451). Só será viável o diálogo que parta da ênfase cristã no amor e da islâmica na misericórdia, por estes serem elementos que têm as mesmas raízes (Amirpur, 2015, p. 452).

Também é necessário sublinhar a responsabilidade comum para com o mundo e todos os seres humanos, na atualidade e no futuro, para a construção da paz.

O islã tem sido acusado de ser antidemocrático e contrário ao direito das mulheres, bem como impermeável às influências do Iluminismo (Amirpur, 2015, p. 458). No entanto, tem havido falta de consciência do quanto a cultura grega inspirou o islã e de como desenvolveu as ideias helênicas. Foram os árabes que possibilitaram a reapropriação das ideias de Aristóteles pelo Ocidente.

Os comentários de Averróes sobre Aristóteles tiveram grande influência sobre a teologia escolástica. Uma oposição, por princípio, entre a tradição islâmica e a tradição judaico-cristã não tem base histórica (Amirpur, 2015, p. 459).

Os discursos sobre o islamismo têm tentado construir a ideia de que os muçulmanos são um grupo com um único perfil, causando, assim, a estigmatização e o surgimento de estereótipos sobre o que seria a visão islâmica. Isso faz com que se sintam oprimidos onde eles se constituem a minoria.

Por meio da presença islâmica, a fé cristã é desafiada pela apologia. Surge, então, a pergunta sobre a compreensão que os islâmicos têm a respeito de revelação divina, pois eles advogam que têm a última e definitiva revelação. A discussão centraliza-se, em especial, no entendimento dessa revelação, no que se refere à visão de Deus e à compreensão das escrituras (Middelbeck-Varwick, 2015, p. 471).

O Alcorão, ou *Corão*, advoga ser a ponte para o monoteísmo puro, atribuindo a si a função de restaurar a verdadeira revelação e o verdadeiro monoteísmo. As Escrituras judaicas e cristãs não teriam cuidado da mensagem divina original, mas a falsificado e corrompido. Desse modo, a revelação do Alcorão é descrita como pura. O islamismo não deixa reconstruir, historicamente, os agrupamentos religiosos que estavam presentes na península arábica na época de Maomé (Middelbeck-Varwick, 2015, p. 472). É evidente que Maomé conheceu apenas os grupos periféricos do cristianismo (nestorianos e monofisitas). Além disso, ele mesmo e outros líderes iniciais eram analfabetos.

> **PRESTE ATENÇÃO!**
>
> *Nestoriano* refere-se a *nestorianismo*, doutrina de Nestório, que enfatiza a desunião entre as naturezas humana e divina de Jesus (Lohse, 1981, p. 90, 93-96).
>
> Já *monofisita* relaciona-se com *monofisismo*, doutrina que defendia que Jesus Cristo teria somente a natureza divina (Houaiss; Villar, 2001, p. 1952).

Isso tudo é perceptível em alguns capítulos do Corão que tratam da pessoa de Jesus. Essas abordagens podem ser interpretadas sob a perspectiva da história da teologia cristã. No diálogo sobre a compreensão de Deus, aparece a questão central de que a dimensão cristológica e trinitária do cristianismo não significa nenhuma diluição do monoteísmo ou oposição a ele.

Assim, "a disputa sobre a questão da revelação é, portanto, a verdadeira questão chave das controvérsias cristão-muçulmanas". A isso podemos acrescentar que o Alcorão não comunica uma mensagem "idêntica às declarações de fé cristãs, pelo contrário, contrapõe-se a crenças centrais", já que o monoteísmo de ambas as religiões é distinto em forma e conteúdo (Middelbeck-Varwick, 2015, p. 478).

O cristianismo defende que Deus se revela em Cristo. Jesus não é somente o comunicador de uma mensagem, Ele é a promessa de Deus e Nele a salvação se concretiza. Ele é o Deus que se torna humano, e não o humano que é divinizado.

O Alcorão apresenta-se em quatro fases: texto revelado a Maomé; texto exposto oralmente por ele; texto fixado por escrito; e livro. É usado principalmente como recitação oral, pelo fato de o aspecto auditivo ser constitutivo da experiência de revelação no islã. Por isso, não se considera a situação histórica em que o acontecimento da proclamação se realizou.

Figura 4.5 – Leitura do Alcorão

O islamismo não tem abertura para uma exegese crítica do Alcorão nem para as adaptações decorrentes da recepção e da contextualização. Ao mesmo tempo, o islã não aceita que o Alcorão seja interpretado criticamente e determinou que o texto inspirado é o escrito em língua árabe, considerada como língua especial de Deus. Com isso, o que se quer enfatizar é que Maomé não é o autor do Alcorão, pois ele não teria condições de sê-lo. Deus é o único autor; o profeta apenas transmitiu o que antes foi formulado por Deus. Uma participação humana na elaboração do Alcorão está em forte contradição com a origem da mensagem que ele apresenta.

Pressupõe-se que a verdade islâmica signifique transmissão de revelação atemporal. Já na época inicial do islã, houve grande discussão se a Palavra de Deus era **criada** ou **incriada**; na tradição islâmica, os representantes do Alcorão incriado impuseram sua visão (Middelbeck-Varwick, 2015, p. 481s). Assim, para evitar divergências, Otman (570-656 d.C.), o terceiro califa, promoveu a reunião das palavras de Maomé em um só livro e mandou distribui-lo pelas comunidades muçulmanas, bem como destruir todas as cópias divergentes. Ele foi, portanto, quem compôs a versão final do Alcorão. Mais tarde, o texto passou por uma revisão a fim de fixar o conteúdo e as leituras oficiais foram divididas em sete seções, chamadas *manzil*.

Para a destruição das cópias divergentes, foram designados transmissores, que deveriam decidir entre as prescrições contraditórias aquelas que seriam válidas. Esse fato chama a atenção, pois a frequente argumentação é de que o Alcorão teria sido o único livro não corrompido, o que não teria ocorrido com a revelação mosaica e a de Jesus e seus apóstolos.

> **PRESTE ATENÇÃO!**
> A revelação mosaica corresponde aos cinco primeiros livros da Bíblia dos hebreus (Küng, 2007, p. 66-77).

Apesar da resistência dos árabes, o Corão foi traduzido pela primeira vez em 1143 d.C. para outro idioma: o latim. Atualmente, há versões em diversas línguas, mas apenas a versão árabe tem autoridade.

Sobre a pessoa de Jesus, a exegese do Alcorão não apresenta uma desvalorização Dele, contudo, na versão islâmica, ele é um profeta sem qualquer dimensão divina. No Alcorão, Jesus desempenha um papel importante, com mais de cem menções a sua pessoa. Ele é entendido como o enviado de Deus, mas não como o Filho de Deus ou Deus mesmo, que desempenha o ofício profético.

Jesus é o Messias, o espírito de Deus, realiza milagres e é um servidor de Deus. No entanto, a cristologia islâmica nega a sua preexistência e a encarnação (Küng, 2007, p. 547).

A revelação defendida pelo cristianismo passa a ser questionada assim pelo islã:

1) A revelação de Deus por intermédio do Filho (Bíblia. Hebreus, 2009, 1: 1) seria a possibilidade da revelação de Deus em outra forma e restrita a determinado período?
2) Deus pode se revelar em outros contextos diferentes dos que Ele se apresentou em Cristo? Esta é uma questão central no diálogo entre islã e cristianismo.

Como base teológica para o diálogo com o islamismo no meio cristão, devemos mencionar novamente o elemento comum, que é o fato de Abraão ser a base para a abordagem que sublinha o parentesco das três maiores religiões monoteístas. A esse respeito, também podemos nos questionar o porquê de o diálogo se ter firmado em torno de Abraão, e não de Moisés, já que o significado de Abraão para as três maiores religiões monoteístas é variado.

No Alcorão, Abraão é mencionado como aquele que se submete a Deus e como modelo de fé. Jesus é tratado como um profeta, mas não é reconhecido como Deus, bem como é negada sua morte na cruz. Maria é mencionada como aquela que é invocada.

Ademais, a crença na revelação dificilmente pode ser abordada por meio de uma teologia comparativa.

O objetivo do diálogo é compreender a outra religião:

> Entender isso significa não apenas um conhecimento intelectual que pode ser obtido, mas inclui um autoempoderamento, uma atitude empática de sentir com e se adaptar para entender os outros. Ao mesmo tempo, as próprias convicções e certezas são introduzidas no diálogo. [...] A comunicação do que me é próprio e a compreensão do outro é igualmente significativo. Aplica-se o princípio da reciprocidade, juntamente com a "compreensão da realidade divina em e atrás – também na crítica – as formas estrangeiras e próprias de desenvolvimento deste mundo".
> (Middelbeck-Varwick, 2015, p. 489, tradução nossa)

As situações em que os islamitas são minorias são diferentes daquelas em que se dá o inverso. O critério internacional da reciprocidade entre as nações é muito difícil de ser seguido.

A busca pela modernização do islã tem sido acompanhada de resistência à secularização, visto que ela mesma tem gerado ateísmo e rechaço à religião (Küng, 2013, p. 589).

PRESTE ATENÇÃO!

A secularização é a transformação de ideias antes fundamentadas em religião em conceitos baseados no regime laico.

4.4 Diálogo com o zoroastrismo

O zoroastrismo é uma religião do Antigo Oriente que existe até hoje. Stewart (1993, p. 121) defende que ele existe há mais de três mil anos, ou seja, surgiu antes do ano 1.000 a.C. No entanto, a maioria dos pesquisadores atuais defende que o profeta criador da religião, Zoroastro (ou Zaratustra), viveu entre 1.400 e 1.200 a.C.

Acredita-se que essa religião surgiu na fronteira entre o Afeganistão e o Irã. Zoroastro foi o profeta persa que primeiramente falou sobre uma batalha cósmica entre o bem e o mal, que culminaria em um novo e perfeito mundo para a humanidade. Sua influência cresceu até se tornar a religião principal da Pérsia pré-islâmica. Algumas religiões surgiram quase independentes, trazendo consigo heranças do zoroastrismo, como o mitraísmo, com influências das religiões romanas, e o maniqueísmo, por meio do contato com o cristianismo (O'Loughlin, 2000, p. 108).

Zaratustra tem sido denominado *o primeiro monoteísta*. Defendeu a existência de um só Deus (Ahura Masda), eterno e incriado, como o criador deste mundo, que possui um opositor, o mau espírito Angra Manju. Zoroastro ensinou também a existência do céu e do inferno, a vinda de um salvador, a ressurreição dos mortos e um juízo final. O também incriado mau espírito será, por fim, vencido, e o poder do mal vai deixar de existir. Esses ensinamentos, de acordo com muitos entendidos, teriam influenciado o judaísmo, o cristianismo e o islamismo (Stewart, 1993, p. 121).

As ideias de Zoroastro estão contidas no *Avesta*, uma coleção de hinos e provérbios feita pouco depois de sua morte (Goucher; Walton, 2011, p. 109).

Zoroastro seguia uma premissa rígida de dualismo – bem e mal, céu e inferno – que era o centro de sua doutrina, vista como o elemento norteador dos atos de cada indivíduo. A tradição sobrevive até hoje no Irã e é base do parsiismo, grupo religioso do noroeste da Índia.

> **Preste atenção!**
> O *parsiismo* é um grupo religioso zoroastrista que emigrou e se estabeleceu na Índia (Houaiss; Villar, 2001, p. 2138).

Como os ensinamentos de Zoroastro foram transmitidos oralmente, chegando a uma forma escrita apenas a partir do século III d.C., não temos detalhes sobre os elementos apocalípticos da doutrina. Assim, vamos nos limitar a enfatizar uma batalha cósmica entre o bem e o mal, a atualização de um plano divino e a previsão de uma gloriosa consumação, tudo isso em direção à perfeição (Cohn, 1996, p. 109).

Essa doutrina dualista levou os seguidores a um "relacionamento com o cosmos muito diferente daquela de outros povos do mundo antigo, com exceção apenas dos judeus"; eles "estavam preparando o caminho para a consumação final, quando o mundo se tornaria perfeito" (Cohn, 1996, p. 124).

Durante a imposição do islã na Pérsia, os zoroastristas migraram para a Índia e, assim, conseguiram salvar os seus 100 mil seguidores. Diante do politeísmo, o zoroastrismo defendeu a fé no bom criador e no senhor sábio Ahura Mazdah. No entanto, Angra Mainyu, respectivamente Ahriman, o espírito mau, opõe-se a Ahura Mazdah (Moritzen, 1994b, p. 2220). Zoroastro propôs, então, um par dualista de divindades: Ahura Mazdah, o senhor sábio, e Ahriman, a personificação da escuridão e da falsidade.

FIGURA 4.6 – Templo com símbolos zoroastristas no Irã

As ideias de Zoroastro tiveram receptividade no século VI a.C. A aristocracia persa apoiou a sua visão e, nos territórios sob o seu controle, tal influência perdurou por 1.200 anos (Goucher; Walton, 2011, p. 109). Cohn (1996, p. 157) defendeu que a "escatologia zoroastrista foi assimilada e adaptada por não zoroastristas".

PRESTE ATENÇÃO!
Escatologia é a doutrina que trata das últimas coisas (Houaiss; Villar, 2001, p. 1204).

O modelo redacional apocalíptico estava presente na cultura iraniana, no contexto greco-romano e na literatura gnóstica, além de ter forte presença no judaísmo e no cristianismo. Nesse modelo, ocorre uma periodização da história mundial em eras, a partir do que há de vir. Também traz um determinado dualismo entre o mundo do aqui e agora e o mundo futuro, fazendo transparecer o paralelismo entre a decisão bélica de âmbito macrocósmico e microcósmico (Hellholm, 1998, p. 587). Testemunha que, apesar da experiência do mal, o poder de Deus no final irá vencer (Hellholm, 1998, p. 585).

A escatologia universal é encerrada com o juízo final, a ressurreição dos mortos, o fim do mundo e o surgimento do novo céu e da nova terra.

> **PRESTE ATENÇÃO!**
> O modelo redacional apocalíptico é uma forma de escrever que acentua o fim do mundo, o final dos tempos, de forma catastrófica (Houaiss; Villar, 2001, p. 255).

4.5 Diálogo com o *sikhismo*

A fundação dessa doutrina monoteísta aconteceu no século XVI d.C. por meio do Guru Nanak (1469-1539), na província de Punjab, na Índia, com grande parte dos adeptos vivendo ainda no local. Nanak procurou unir hinduístas e muçulmanos sob a base de um monoteísmo livre de imagens.

O *sikhismo* é pouco difundido, porém ocupa a sétima posição entre as dez maiores religiões do mundo. *Sikhs* são os participantes dessa comunidade. Os adeptos se distribuem em 1,9% da população na Índia e 0,3% em Fiji. Em 1971, contava com 10,4 milhões de adeptos. No final do século XX d.C., eram 13 milhões o número de adeptos no norte da Índia; em outros países, estima-se entre dois e três milhões, em regiões com minorias indianas, como Grã-Bretanha, Estados Unidos e Canadá. Entre culturas não indianas também ocorrem conversões (Horstmann, 2000, p. 263).

Nanak era um homem casado com uma mulher hinduísta, oriundo de uma casta de guerreiros. Ele viajou pela Índia acompanhado pelo cantor Mardana, a fim de tentar influenciar as pessoas por meio de seus cânticos (Glasenapp, 1986, p. 31).

A origem hinduísta do *sikhismo* se percebe na liderança do guru, na divisão em castas e na tomada de partido da Índia contra o Paquistão.

Na sua época, a sociedade indiana era baseada em um sistema de castas. Nanak rejeitou essa divisão da sociedade baseada na hereditariedade, pois queria que as pessoas fossem respeitadas por suas ações. Dedicou a sua vida ao ensino da igualdade entre as pessoas. Ele teve influência do movimento muçulmano Bhakti, do norte da Índia, surgido no século XIII d.C., que ignorava as castas e se concentrava no culto a um deus pessoal.

FIGURA 4.7 – *Sikh* da Índia

Os *sikhs* não acreditavam em um deus que assumisse a forma humana (Hawkins, 2018, p. 182).

> **CURIOSIDADE**
>
> O conceito de experiência pessoal com Deus é algo comum com a Yoga. Deus é único e imutável. Ele é essencialmente a verdade, a origem de tudo que existe e o responsável pelo mundo. O propósito do homem, portanto, é a unidade com Deus, que é tudo e, por isso, igual em essência à alma humana (Horstmann, 2000, p. 263).

O culto do *sikhismo* é composto por leituras, orações, cânticos e comunhão. A fé é monoteísta, com componentes éticos e místicos.

Entre os adeptos da doutrina surgiram várias tendências. Uma delas se expandiu pacificamente entre os hindus; a outra enfatizou a necessidade de coesão e pureza contra a alienação da terra ancestral e encontrou adeptos dispostos para a batalha, visando à reconquista do seu local de origem.

> **CURIOSIDADE**
>
> Poucos *sikhs* se vincularam ao cristianismo – o mais conhecido é Saddhu Sundar Singh (Moritzen, 1994a, p. 1838).

Nanak escreveu 974 hinos que ensinam que existe um só deus e que todos os seres humanos são iguais. Esses hinos foram reunidos no livro sagrado (*Adi Granth*), juntamente com ensinamentos e cânticos. Ele é tido como o quinto guru *sikh*.

Nos últimos quinze anos de vida, Nanak viveu em Kartarpur, no norte da Índia, onde todos os que cultuavam com ele também se uniram em uma refeição, chamada *langar* – um meio de rejeitar o sistema de castas, o qual proibia a alimentação conjunta de pessoas de castas diferentes (Hawkins, 2018, p. 186).

A religião teve dez gurus. O último deles não escolheu sucessor. O décimo primeiro foi intitulado *Guru Granth Sahib*, ou seja, o livro sagrado foi designado como o guru dos *sikhs*. Esse livro é tratado com muito respeito; sempre que conselhos se fizerem necessários, os *sikhs* precisam recorrer ao *Guru Granth Sahib* (Hawkins, 2018, p. 192).

Os *sikhs* são ensinados a servir a Deus com trabalhos braçais, o que é uma forma de mostrar que são humildes diante Dele. Eles ajudam na limpeza do templo, a preparar e a servir as refeições, divididas por todos, no dia de culto, no salão do *langar*.

Na campanha de libertação da Índia do colonialismo britânico, Gandhi conquistou, entre os *sikhs*, muitos apoiadores da campanha pacífica, não violenta, pela independência (Hawkins, 2018, p. 201).

A doutrina *sikh* fala de Deus como sendo um, eternamente indivisível e imodificável.

> Sua essência é a verdade, além de tudo que foi admitido, mas ele é o autor de tudo projetado e responsável pelo mundo. Ele os dirige por seu comando, que defende a ordem cósmica. O mundo é verdadeiro, mas também falso, quando é entendido como diferente de Deus. Mas essa visão falsa é produzida pelo próprio Deus, isto é, pelo seu poder de formação, *maya*. Ele disfarça sua verdadeira essência, de modo que o homem permanece enredado no aspecto pluralista do mundo empírico e, portanto, em seu "sentimento egóico", isto é, todo o aparato psíquico-mental. No entanto, o propósito do homem é a unidade com deus, que é tudo e, portanto, com a alma humana de maneira semelhante. A fim de produzir a unidade original, requer a graça radicalmente livre de Deus. Deus dá ao homem *bhakti*, "devoção" a Deus. No *bhakti* o homem se afasta do mundo, essa é a multiplicidade e o contingente, e ele chega à unidade. Assim ele sai do círculo de renascimentos. A vinculação com Deus é *sahaj* (latim, *unigenitus* também "espontâneo, leve"). No entanto, é irreversível apenas com a morte, de modo que os Bhakti de Nanak, bem como as outras formas de fé em Bhakti do norte da Índia são caracterizadas pela prova negativa

de Deus. O crente anseia pela unidade com Deus, seu sofrimento na separação de Deus se torna a prova de Deus. A essência de Deus é manifestada no ensinamento Bhakti do norte da Índia em forma pura no professor espiritual, guru. Portanto, o "verdadeiro guru" é Deus mesmo. Deus porta, por isso, em Nanak, ao lado dos nomes Hari e Ram e variados epítetos, também a expressão satguru, "verdadeiro guru". A doutrina de Nanak da liberdade da graça, portanto, se opõe à doutrina do hinduísmo ortodoxo, dominado pelos brâmanes, segundo o qual o acesso à salvação varia de acordo com a posição e o gênero. Na doutrina do *sikhismo* são a necessidade de salvação e as oportunidades para todas as pessoas iguais. A igualdade religiosa é repetidamente e simbolicamente expressa no culto (por exemplo, na refeição religiosa comunitária ou no rito de batismo; bem como na simbologia da construção do tempo central em Amritsar). (Horstmann, 2000, p. 264, tradução nossa)

O *sikhismo* é, por vezes, retratado como o resultado de um sincretismo entre elementos do hinduísmo, do islamismo e do sufismo. Ele ensina que as pessoas precisam superar o egocentrismo por meio do louvor a Deus, do trabalho árduo e da partilha com os outros. Muitos pertencem à ordem chamada *Khalsa*, cujos membros evitam o álcool, o tabaco, as drogas e se dedicam à oração. Os homens têm sempre uma espada presa ao cinto. Não devem cortar a barba nem o cabelo, que cobrem com um turbante (Siquismo, 2019)

O *sikhismo* é uma religião de leigos, e os elementos ascéticos e monásticos ocorrem somente em grupos marginais, como os *udasis*, *nirmalas* e *nihangs*.

> **PRESTE ATENÇÃO!**
> Os ascéticos são aqueles que se voltam para a vida espiritual e contemplativa, abstendo-se de prazeres físicos e psicológicos, acreditando ser este o caminho para atingir a perfeição moral e espiritual (Houaiss; Villar, 2001, p. 313).

O culto religioso se manifesta no *Bhakti*, e o *Adi-Granth* estabelece a perpetuação da corrente de gurus. Os ritos de passagem mostram a ordem da reunião com Deus. Batismo, casamento e morte são unificados nesse objetivo único. O batismo simboliza o batismo de sangue, ou seja, a fidelidade dos *sikhs* à fé e à comunidade até na morte. O casamento e a morte são o casamento eterno antecipado ou, respectivamente, definitivo com Deus, e esse aspecto também está presente em todos os textos da liturgia diurna (Horstmann, 2000, p. 265).

4.6 Diálogo com a fé *baha'i*

A fé *baha'i* se originou, histórica e geograficamente, no Oriente Médio, mais especificamente no Irã. O nome é de origem árabe e significa *glória* ou *esplendor*.

Bahá'u'lláh (1817-1892), que significa "a glória de Deus", foi o fundador. Ela surgiu como uma religião independente, que dialogava com outras culturas, e tinha um caráter universal.

Os ensinamentos dessa doutrina pautam-se em três princípios: a unidade de Deus, a unidade da humanidade e a unidade fundamental da religião.

Acreditar na unidade de Deus é crer que existe um só criador, onipotente e perfeito. No ponto central, todas as religiões tratam do mesmo Deus e, assim, Moisés, Cristo, Maomé e Bahá'u'lláh são profetas e mensageiros do mesmo Deus.

Os líderes dessa religião acreditam na revelação progressiva, que expressa como Deus intervém na história humana, e cada intervenção é mais completa que a anterior. Desse modo, a unidade entre as religiões é fundamentada na concepção de que todos os fundadores foram enviados pelo único Deus, a fim de conduzir a humanidade. O impulso gerador do universo sempre existiu e é a expressão de Deus. A humanidade é uma só e não pode ser dividida, por isso, a unidade humana pressupõe direitos igualitários. Assim, não pode haver unidade enquanto houver desigualdade entre os seres humanos. A humanidade precisa ser vista como uma só raça e o mundo, como única residência (Schlögl, 2012, p. 23-24).

Bahá'u'lláh anunciou, no século XIX d.C., ser ele mesmo esse redentor, o Senhor dos Exércitos, a volta de Cristo, ou o advento do novo Buda. Ele seria aquele que abre a porta, que conduz à realização de tudo que há de melhor no cristianismo, a redenção futura. Defende-se que essa é a prova, "com os fatos indubitáveis da história, [de] qual é a interpretação verdadeira das profecias de Jesus relativas ao caráter de Sua era" (Townshend, 1976, p. 7-11).

A verdade deve ser buscada pela harmonização entre a fé e a ciência. Deus é entendido como absolutamente transcendente, o mal como ausência do bem e os seres humanos como os únicos capazes de se aproximarem do conhecimento de Deus.

Os seres humanos têm uma alma, que lhes serve de ponte entre o mundo material e o espiritual. A liberdade consiste, em essência, na possibilidade de se eleger entre o bem e o mal.

As comunidades *baha'i* são abertas ao diálogo inter-religioso e estimuladas a viver conforme princípios bem estabelecidos. Elas defendem que as mulheres tenham tanta liberdade quanto os homens.

FIGURA 4.8 – Sede mundial *baha'i*, em Haifa, Israel

Os seguidores são exortados a trabalhar pelo princípio do amor. Eles devem se associar com base na amizade, na concórdia e sem discriminação dos adeptos de todas as outras religiões (Schlögl, 2012, p. 25-27).

Bahá'u'lláh, como intérprete autorizado da fé *baha'i*, defendeu o desenvolvimento de um relacionamento respeitoso entre as religiões mundiais, baseado nos seguintes princípios:

- unidade da humanidade;
- busca livre da verdade;
- eliminação de preconceitos e discriminações;
- igualdade de direitos e oportunidades entre homens e mulheres;
- harmonização entre religião e ciência;
- entendimento da progressividade da revelação divina (Schlögl, 2012, p. 33).

Muitos adeptos da fé *baha'i* relatam sonhos que serviam de inspiração para o caminho religioso. São sonhos e sentidos descritos minuciosamente, cujas interpretações são referências voltadas para o futuro. Como há uma reciprocidade entre consciente e inconsciente, os sonhos são vistos como um meio de revelação divina. A favor da fé *baha'i*, Townshend (1976, p. 25) argumenta que:

> Os adeptos de todas as religiões do mundo têm inventado para si crenças semelhantes, afirmando ser único e final seu próprio Profeta. Em consequência disto, nenhuma religião reconheceu ainda o Profeta de uma religião posterior. [...] o resultado dessa crença delusória é que as religiões do mundo têm concorrido para a divisão da humanidade em vez de sua unificação.

Alega-se que Cristo prometeu o envio do outro consolador que conduziria à verdade, conforme João, 16, mas fala-se que o convênio de Deus foi firmado com a Bíblia, terminando, assim, a história sagrada dirigida por Deus (Townshend, 1976, p. 27).

O livro de defesa da fé *baha'i* diz que nenhum dos ritos da Igreja procede mesmo de Cristo. Segundo Townshend (1976, p. 29), "desde os primeiros tempos têm os cristãos disputado a verdade cristã em concílios, em seitas e em guerras" e "os falsos profetas foram tão bem-sucedidos em corromper o Evangelho como os atos e as vidas do povo cristão". Acusa-se, então, o cristianismo de ter promovido "o ódio e o cisma, o descontentamento, a luta, a crueldade e a injustiça, a supressão da verdade e da razão pela força" (Townshend, 1976, p. 55).

No século XIX d.C., foi anunciado o início de "uma Era Nova na terra – do nascer, por ajuda divina, de um mundo novo e melhor, e que, em círculos cristãos, figurava como a volta de Cristo e a descida do Reino de Deus" (Townshend, 1976, p. 60). Desse modo, foi proclamado o final do ciclo profético e o princípio da era da consumação, a era *baha'i*, em 22 de maio de 1844, seguida da era universal da verdade e da unificação orgânica do gênero humano. Nem mesmo Jesus havia enviado um desafio aos governantes do mundo como Bahá'u'llá, que nesse dia proclamou a autossuficiência da sua causa (Townshend, 1976, p. 68).

> **Preste atenção!**
> A *unificação orgânica* refere-se à unificação das crenças, na qual se espera que todos se unifiquem e sigam a fé *baha'i* (Townshend, 1976, p. 68).

A fé do Báb, o iniciador da fé *baha'i*, foi perseguida a partir de 1847. Bahá'u'lláh tornou-se adepto do Báb ao perceber "a divindade que Lhe era realmente própria" (Townshend, 1976, p. 74). Ele é "o Verbo de Deus" (Townshend, 1976, p. 76).

Bahá'u'lláh se declarou ao Papa Pio IX como o Messias prometido. (Townshend, 1976, p. 85). Seria o cumprimento da promessa de que, por Abraão, seriam abençoadas todas as famílias da terra. O seu ministério começou em 1853 (Townshend, 1976, p. 72-78).

O profeta é descrito como aquele que pegou, de "uma vez por todas, em Suas próprias mãos", a interpretação da Palavra (Townshend, 1976, p. 103). Com a fé *baha'i*, o ciclo profético chegou ao fim e aconteceu o estabelecimento do Reino. Iniciou-se a era do cumprimento (Townshend, 1976, p. 106).

Bahá'u'lláh foi "dotado do poder criador para regenerar a humanidade inteira e unificá-la em um só organismo espiritual" (Townshend, 1976, p. 111). Desse modo, o antagonismo entre as nações e as religiões será eliminado, e a vinda de Bahá'u'lláh como profeta é a volta de Cristo. Chegou uma nova era (Townshend, 1976, p. 114).

Portanto, a mensagem *baha'i* veio avivar o fogo do amor espontâneo a Deus e ao ser humano, que havia sido aceso por Jesus, ao anunciar que a voz de Cristo estava sendo reconhecida de novo.

Além disso, a fé *baha'i* defende o estabelecimento de uma comunidade mundial que adore um só Deus, com um só nome.

Bahá'u'lláh é para ser visto como a base da comunicação divina que abrirá o caminho para um mundo melhor. Nesse sentido, os cristãos são chamados a rejeitar os seus dogmas e suas interpretações contraditórias, a reconhecer a era da verdade e a devotar-se à causa *baha'i* (Townshend, 1976, p. 118).

Síntese

Neste capítulo, abordamos o diálogo inter-religioso com religiões monoteístas.

Assim, no judaísmo, as inúmeras polêmicas dos profetas sobre o monoteísmo são evidentes. Só a partir do século VII a.C. a veneração exclusiva de Javé se impôs. No diálogo judaico-cristão, o debate sobre a pessoa de Jesus Cristo é central, visto que o judaísmo lhe nega qualquer honra que não seja a humana. Jesus apresentou os samaritanos como modelo, pois eram mais odiados pelos judeus que os gentios.

Ao tratarmos do diálogo no cristianismo, apontamos o fato de essa religião ter criado, internamente, divisões doutrinárias rígidas na constituição dos dogmas na Igreja Católica Romana, na Igreja Ortodoxa do Oriente e nos vários ramos do protestantismo. No cristianismo, há vários pensamentos doutrinários, o que mostra a grande necessidade de diálogo também na própria religião, internamente.

Com o islamismo, vimos que só é possível o diálogo se partirmos da ênfase cristã no amor e na misericórdia islâmica; também é necessária a ênfase na responsabilidade comum para com o mundo. O islã nega o papel humano no processo de composição do Alcorão e tem como objetivo do diálogo a compreensão da outra religião.

O diálogo com o zoroastrismo trata da batalha entre o bem e o mal, culminando em um mundo no qual a perfeição se estabeleça. Diz-se que os ensinamentos do persa Zoroastro teriam influenciado o judaísmo, o cristianismo e o islamismo. Além disso, influenciaram a literatura apocalíptica, trazendo um determinado dualismo entre o mundo do aqui e agora e o mundo que há de vir.

O monoteísmo *sikh* tentou unir hinduístas e muçulmanos. Os *sikhs* não acreditam em um deus que assuma a forma humana. Gandhi, na luta contra o colonialismo britânico, conquistou muitos apoiadores *sikhs* para a campanha não violenta pela independência da Índia.

Já o monoteísmo *baha'i* se pauta na unidade de Deus, na unidade da humanidade e na unidade fundamental da religião, defendendo que todas as religiões tratam do mesmo deus. Os seguidores dessa doutrina acreditam na revelação progressiva e que cada intervenção de deus é tida como mais completa que a anterior.

O profeta Baha'u'lláh anunciou ser ele mesmo o redentor, a volta de Cristo ou o advento do novo Buda e apresentou-se como a revelação divina em sua última progressão. Ele queria que todas as religiões do mundo se unificassem nele e foi proclamado como o final do ciclo profético e da unificação orgânica do gênero humano. Com a fé *baha'i* se teria estabelecido o reino de Deus.

ATIVIDADES DE AUTOAVALIAÇÃO

1. O monoteísmo define-se como a crença:
    A) na existência de um único Deus. É um sistema que admite a existência de um único Deus e se contrapõe ao politeísmo.
    B) na existência em vários deuses.
    C) que reconhece o homem com caráter autenticamente judeu.
    D) que define Jesus como profeta messiânico dos pobres.
    E) como símbolo máximo do judaísmo, depois da destruição do templo de Jerusalém.

2. É correto afirmar que o cristianismo, no decorrer de sua história, foi desenvolvendo doutrinas que foram se tornando cada vez

mais rígidas. Como devemos entender a adoção das primeiras declarações de fé cristãs?

A] O credo foi necessário como forma de estabelecer restrições à mentalidade gnóstica, que entendia o mundo material como algo bom e que poderia ser seguido.

B] As declarações de fé são a origem do que, mais tarde, chamaríamos de *símbolo batismal* ou *credo apostólico*, que serviria de resumo e estabeleceria uma definição da fé cristã mínima para alguém ser aceito para receber o batismo cristão.

C] A Igreja não precisou se posicionar e declarar se Jesus é uma criatura de um grau inferior a Deus ou se ele próprio é Deus.

D] Elaborou-se o credo apostólico como meio de se ter resposta a todas as dúvidas do ser humano.

E] O credo é fruto da influência de outras culturas no cristianismo.

3. O primeiro dogma da história do cristianismo foi a decisão doutrinária tomada no Concílio Ecumênico de:
   A] Constantinopla II.
   B] Calcedônia.
   C] Niceia.
   D] Constantinopla III.
   E] Éfeso.

4. As Igrejas surgidas da Reforma Protestante nunca aceitaram a visão de que os dogmas fossem infalíveis. Mesmo que Lutero, Zwínglio e Calvino não tenham entendido as decisões dos concílios como infalíveis, eles não consideraram essas decisões, dos concílios dos cinco primeiros séculos, como prejudiciais. Assim, optaram por denominá-las:
   A] *confissão da trindade*.
   B] *confissão dogmática*.
   C] *confissão ortodoxa*.

D] *confissão protestante.*
E] *confissão de fé.*

5. No Concílio de Trento, o catolicismo definiu a existência de sete sacramentos. Quais são eles?
   A] O batismo, a crisma, a eucaristia, a confissão, a unção dos enfermos, a ordem, o matrimônio.
   B] O batismo, a crisma, o perdão, a confissão, a unção dos enfermos, a ordem, o matrimônio.
   C] O batismo, a remissão dos pecados, a eucaristia, a confissão, a unção dos enfermos, a ordem, o matrimônio.
   D] O batismo, a crisma, a eucaristia, as indulgências, a unção dos enfermos, a ordem, o matrimônio.
   E] O batismo, a primeira comunhão, a eucaristia, a confissão, a unção dos enfermos, a ordem, o matrimônio.

Atividade de aprendizagem

Questão para reflexão

1. Como podemos perceber, há vários posicionamentos doutrinários no cristianismo, o que demonstra a enorme necessidade de diálogo inter-religioso na própria doutrina. Muito antes de dialogar com as outras religiões, o cristianismo tem de promover o diálogo internamente. Como o cidadão contemporâneo dialoga com as diversas correntes teológicas do próprio cristianismo?

Atividade aplicada: prática

1. Hoje, a necessidade de diálogo entre o cristianismo e o islamismo é evidente. O diálogo só ocorre quando há o desejo de compreender a fé do outro e o compromisso de responsabilidade em relação ao mundo e a todos os seres humanos sem exceção (Amirpur, 2015, p. 451). Só é viável o diálogo que parte da ênfase cristã no amor e na islâmica misericórdia.

A] Qual o posicionamento dos líderes protestantes com relação ao islamismo?
B] Os seguidores do islã têm sido acusados de serem antidemocráticos e contrários aos direitos das mulheres, bem como impermeáveis às influências do Iluminismo. Qual o impacto dessas questões no diálogo inter-religioso?
C] Com a presença islâmica, a fé cristã sente-se desafiada a fazer a apologia do cristianismo?

TIPOS DE DIÁLOGO COM RELIGIÕES POLITEÍSTAS

O politeísmo tem sido definido como um sistema religioso que adota a crença e a consequente adoração de muitos deuses. Vejamos o diálogo inter-religioso em algumas religiões politeístas.

5.1 Diálogo com o hinduísmo

O termo *hinduísmo* foi estabelecido pelos ocidentais para descrever as diversas religiões indianas. Os próprios seguidores a chamam de *Sanatana Dharma* ("lei eterna").

O hinduísmo, na verdade, compõe-se de uma intersecção de valores, filosofias e crenças derivadas de diferentes povos e culturas. Não tem um corpo doutrinário sintetizado nem formas de culto ou instituições comuns. Também não há a figura de um fundador e, com o passar dos séculos, as contribuições se sobrepuseram, conforme é exposto por Schmidt-Leukel (2007, p. 149):

> Como designação de uma tradição religiosa, o termo [hinduísmo] é relativamente novo. Originalmente, "hindus" se referia às pessoas que viviam na Índia (ou, em um estágio mais antigo, aqueles que viviam na área do *Hind*, isto é, o rio Indo). Foi somente sob o período colonial inglês que "Hinduísmo" foi utilizado como um termo "guarda-chuva" para a vasta diversidade de cultos religiosos, ritos, escolas filosóficas etc., em uma Índia onde não havia sikhs, muçulmanos, jainistas etc.

Para compreendermos o hinduísmo, é fundamental situá-lo historicamente.

Na fase do hinduísmo que recebe o nome de *hinduísmo védico*, temos o culto aos deuses tribais. Dyaus, ou *Dyaus-Pitar* ("deus do céu", em sânscrito), era o deus supremo, consorte da Mãe Terra. Doador da chuva e da fertilidade, ele gerou todos os outros deuses. O Sol (Surya), a Lua (Chandra) e a Aurora (Heos) eram os deuses da luz. As árvores, as pedras, os rios e o fogo são divindades menores e locais (Hinduísmo..., 2012).

O hinduísmo adotou a tríade hindu: Brahma, Vishnu e Shiva. Brahma tornou-se o deus principal. Ele é a manifestação antropomórfica do *brahman*, a **alma universal**, o ser absoluto e incriado, mais um conceito da totalidade que envolve todas as coisas de um deus (Küng, 2004, p. 75-76). Os dois outros deuses são Vishnu, o preservador, e Shiva, o destruidor. Desse modo, surge a figura dos brâmanes, que compõem a casta sacerdotal da tradição hindu (Küng, 2004, p. 76).

Os rituais ganharam uma série de componentes mágicos, e formaram-se ideias mais complexas acerca do universo e da alma, inclusive conceitos como o de reencarnação e o de transmigração de almas.

Todo o extenso panteão hindu, com mais de 330 milhões de deuses, é considerado simplesmente como uma manifestação de Brahma. Ter devoção a um ou outro deus é só questão de tradição, de castas.

FIGURA 5.1 – Multiplicidade religiosa hindu

> **Preste atenção!**
>
> *Transmigrar* é a ideia de que uma alma pode passar de um corpo e residir em outro ser humano ou animal (Houaiss; Villar, 2001, p. 2752).
>
> *Panteão* é o conjunto de deuses de determinada religião (Houaiss; Villar, 2001, p. 2119).

Brahma é considerado o único, sem forma, eterno e a fonte de toda a existência. Ele é o oposto dos demais deuses, que têm atributos, porém ele não. Compõe o *Trimurti*, nome dado à tríade divina hindu, juntamente com Shiva e Vishnu. O deus Brahma só esteve ativo durante a criação do universo; no tempo restante está em profunda meditação. Geralmente, é apresentado com três facetas diferentes.

Figura 5.2 – Estátua de Brahma

A base do hinduísmo está contida nos textos dos *Vedas* e abrange seitas e variações monoteístas e politeístas devido à ausência de um corpo único de Escrituras ou doutrinas.

Os hindus representam mais de 80% da população no Nepal e na Índia. O templo Angkor Wat foi considerado o maior monumento religioso do planeta, convertido posteriormente em mosteiro budista.

QUADRO 5.1 – Quantidade de adeptos do hinduísmo em diversos países

Hinduísmo no mundo	800 milhões de seguidores
Índia	74,5% da população do país
Bangladesh	11 milhões, 10%
Sri Lanka	2,5 milhões, 15%
Myanmar	7,1 milhões
Estados Unidos	2,5 milhões
Paquistão	4,3 milhões
África do Sul	1,2 milhão
Reino Unido	1,5 milhão
Malásia	1,1 milhão
Canadá	1 milhão
Trinidad e Tobago	500 mil
Guiana	400 mil
Holanda	400 mil
Singapura	300 mil
Suriname	200 mil

Fonte: Elaborado com base em O'Brien; Palmer, 2008, p. 26-27; Hinduismus, 2019.

Não é correto reduzir as diferenças religiosas a símbolos do mesmo e único Absoluto. Jesus e Krishna talvez sejam mediações para o cristão e o hindu vivenciarem o mistério de Deus. Todavia, isso não significa que ambos sejam o mesmo, que as diferenças entre eles não sejam importantes, nem que sejam funcionalmente iguais.

Os seguidores das práticas hinduístas passaram a aplicar as ideias budistas à pessoa de Jesus. Com a confiança na reencarnação, defendem que Jesus está vivo e ativo hoje. Procuram criar uma harmonia entre as Escrituras cristã e hindu. Entendem a Índia como pátria da luz espiritual do mundo, e essa é a razão por que Jesus viajou à Índia: para compreender a evolução espiritual do mundo. Assim, o hinduísmo é entendido como "a mais antiga herança religiosa perdurável" (Yogananda, 2017, p. 25-27).

Para enfatizar a visão reencarnacionista, o hinduísmo fala que "o Cristo em Jesus viveu entre os homens como um deles para que também eles pudessem aprender a viver como deuses" (Yogananda, 2017, p. 3). Segundo a Bíblia hindu, *Bhagavad Gita* (citada por Yogananda, 2017, p. 4), a encarnação da divindade é destacada como avatar: "A glória de Cristo na forma de Jesus tornou invisível a Luz Invisível que conduz a Deus". Nesse sentido, Jesus foi precedido por Buda, bem como Bhagavan Krishna, "o mais amado dos avatares indianos", que pregou a "realização divina por meio da prática da suprema ciência espiritual da yoga, união com Deus" (Yogananda, 2017, p. 4).

A trindade cristã é equiparada a Sat, Tat e Om das Escrituras hindus:

> A consciência transcendente de Deus-Pai manifestou-se na vibração do Espírito Santo como o Filho – a Consciência Crística, a inteligência de Deus em toda a criação vibratória. Esse puro reflexo de Deus presente no Espírito Santo indiretamente guia este último para que crie, recrie, preserve e modele a criação de acordo com o propósito divino.
>
> Assim como o marido renasce na esposa na forma do filho, também Deus-Pai transcendente, manifestado no Espírito Santo, a Virgem Maria cósmica (a Criação Imaculada), tornou-se a única inteligência refletida de Deus, o Filho unigênito ou Consciência Crística.

Uma analogia pode servir para ilustrar como o Espírito Único e Eterno Se torna a Santíssima Trindade: Deus o Pai, o Filho e o Espírito Santo, similarmente reconhecidos nas escrituras hindus como Sat, Tat e Om. Imagine o sol existindo sozinho, nada tendo ao seu redor – uma massa brilhante de luz com indescritível poder e calor, com seus raios se difundindo pelo espaço ilimitado. [...]

Desse modo, metaforicamente, tão logo o Espírito cósmico "solteiro" move-Se para criar o universo, Ele Se torna o esposo, Deus-Pai, desposando a Virgem Maria Cósmica ou Vibração Cósmica, dando à luz Seu reflexo, o Filho unigênito. A Consciência Crística, presente em todas as partículas da criação, é o único reflexo puro e indiferenciado do Absoluto, Deus-Pai. Portanto, essa Inteligência Crística, o Filho unigênito, mantém uma imanente transcendência influenciadora: a Consciência Crística não é o elemento ativo na criação; a inteligência consciente, diferenciada e ativa que manifesta todas as partículas da criação vibratória é o Espírito Santo, que está impregnado do Filho unigênito. (Yogananda, 2017, p. 13-14)

Portanto, da parte do hinduísmo, há uma pretensão de que a doutrina da trindade do Cristo já era preexistente na doutrina do hinduísmo. Defende-se, assim, que "o Filho unigênito não era o corpo de Jesus, mas sim seu estado de Consciência Crística" (Yogananda, 2017, p. 19). A visão sobre Jesus Cristo é assim apresentada:

> O Espírito não poderia ser parcial criando Jesus como um Cristo e todos os outros como seres mortais espiritualmente incapazes. Jesuses divinamente importados poderiam ser criados aos milhares por Deus; e, sendo predestinados, eles naturalmente se comportariam na Terra como Cristos – marionetes espirituais de Deus. Tais Cristos dificilmente seriam um ideal para mortais lutando com todas as suas fragilidades. (Yogananda, 2017, p. 20)

Essas visões sobre Cristo desenvolvidas por pensadores hindus devem servir como ponto de partida no diálogo inter-religioso por parte do cristianismo. São tentativas de absorção do cristianismo por parte do hinduísmo e devem servir como ponte de acesso. Da mesma forma, a menção da tríade do divino no hinduísmo deve servir como porta de acesso ao diálogo.

As religiões dos hindus descrevem o deus hindu como onipresente e multiforme. Faz-se uma justaposição das interpretações. Não acreditam que entre as diversas descrições da realidade uma seja verdadeira e a outra, falsa.

O hinduísmo venera tudo que rodeia o ser humano. Todas as divindades são entendidas como diferentes rostos de uma realidade fundamental, chamada *Brahman*, aquela de quem tudo procede (Borau, 2008, p. 108).

5.2 Diálogo com o budismo

Do ponto de vista dos brâmanes, Gautama Siddharta, o Buda, não estava autorizado a ensinar o *dharma* (a verdade religiosa). "Além do mais, Buda divulgou o *dharma* indiscriminadamente para as pessoas de todas as castas. Isso também estava indo contra a ideia brâmane de que o *dharma* não deve ser ensinado aos membros das castas mais baixas" (Schmidt-Leukel, 2007, p. 150). Para os budistas, Siddharta se tornou um guia da humanidade (Armstrong, 2008, p. 49).

Antes de morrer, Buda disse aos seus discípulos (*bhikshus*): "Talvez alguns de vós estejam pensando: 'As palavras do mestre pertencem ao passado, não temos mais mestre'. Mas não é assim que deveis ver as coisas. O dharma (instrução) que vos dei deve ser o vosso mestre depois que eu partir" (Armstrong, 2008, p. 49).

FIGURA 5.3 – Representação digital de Buda em pose de lótus

Após a morte de Buda, a comunidade monástica (*shanga*) continuou praticando os ensinamentos dele por cem anos, até que surgiu um conflito entre seus seguidores sobre a forma de apresentar os ensinamentos recebidos: um grupo queria preservar os ensinamentos, dando origem à escola Theravada, e o outro queria aperfeiçoá-los, do qual surgiria posteriormente a escola Mahayana. Para resolver o impasse, foi convocado um concílio em 380 a.C. (cem anos após a morte de Buda), que resultou em uma divisão entre 18 escolas, chamadas de *hinayanas*.

Theravada é, literalmente, "doutrina dos sábios", ou "doutrina dos anciãos", ou ainda "escola dos antigos", centrada especialmente no Ceilão. A forma clássica da doutrina Theravada, fixada entre os séculos V e X d.C., pretende apresentar o budismo em sua forma original, enfatizando a responsabilidade individual pela salvação e pelo desenvolvimento ético e religioso. O meio usado é a meditação para a autorredenção (Schmidt-Leukel, 2007, p. 155).

Buda é visto apenas como um mestre e guia, e não como um deus. O ideal desse ramo budista é tornar-se um *arhat* (venerável), ou seja, alcançar o nirvana ou conseguir um bom *karma* para o próximo ciclo de reencarnação.

> **PRESTE ATENÇÃO!**
> *Nirvana* é o conceito budista que descreve o estado de libertação atingido pelo ser humano.
>
> *Karma* é a lei segundo a qual cada pessoa receberá o resultado das suas ações, senão em vida, na próxima reencarnação.

"Entre os budistas Theravada há a difundida visão de que o budismo Mahayana é uma heresia que surgiu pela demasiada influência hindu" (Schmidt-Leukel, 2007, p. 155). *Mahayana* significa, literalmente, "grande veículo" ou "grande nave" e desenvolveu-se no século I d.C. Acredita que todos podem chegar à salvação e vê o Buda como um salvador. Considera que o fiel raramente alcança o nirvana e, por isso, propõe a salvação coletiva como ideal.

Portanto, o leigo budista não deve se preocupar em se tornar um Buda (iluminado), mas em ser um *bodhisattva* (existência iluminada), ou seja, após alcançar a própria iluminação (*bodhi*), ele deve renunciar ao nirvana, a fim de ajudar outros a alcançarem a salvação. O budismo pode ser considerado um hinduísmo reformado, pois se deriva da filosofia e da cosmovisão hindus e rejeita o excessivo ritualismo dos brâmanes. Por sua vez, os hinduístas consideram o budismo uma heresia do hinduísmo (Samuel, 1997, p. 111). As doutrinas de Buda foram escritas apenas 400 anos após sua morte.

O budismo é uma religião ateia ou agnóstica, pois, acima de tudo, Buda não é um profeta, como Jesus ou Maomé. Ele não anuncia deus, não o revela nem pretende falar em seu nome. Além disso, o budismo não tem Evangelho nem Alcorão ditado por um deus. A revelação de Buda é, justamente, a de que não há verdade revelada. Nenhum deus fala pela boca de Buda. "O que ele prega não é, nem a mensagem de deus, nem a salvação das almas, mas a libertação possível de cada um pela adesão às verdades inteiramente humanas que ele descobriu" (Samuel, 1997, p. 112-113).

O budismo promete o *nirvana*, que a etimologia define literalmente como "esfriar" ou "apagar" (Armstrong, 2011, p. 50). É a maior felicidade possível e a meta a ser alcançada pelos budistas. Tem em vista o aniquilamento do espírito humano e o encontro com o espírito supremo. Embora, no budismo, a palavra *nirvana* signifique "sem desejo insaciável", o sentido original, como já mencionamos, é "apagamento", como da chama de uma vela – ou seja, a extinção dos "fogos" da ganância, do ódio e da ilusão. É um estado de grande liberdade e espontaneidade interiores, em que a mente goza de tranquilidade suprema, de pureza e de estabilidade.

A ETIMOLOGIA DA PALAVRA *BUDISMO* E A ILUMINAÇÃO

O budista busca a iluminação, conforme a etimologia do termo *budismo*: *bodhi* significa "desperto" ou "iluminado" e é um substantivo abstrato derivado da raiz verbal *budh* ("acordar", "ficar acordado", "perceber", "saber" ou "entender"), que corresponde aos verbos *bujjhati* (*pāli*) e *bodhati* ou *budhyate* (do sânscrito).

Assim, *bodhi* remete à experiência do despertar espiritual alcançada por Buda e seus discípulos, descrita como a completa e perfeita sanidade, ou do despertar da verdadeira natureza do universo. *Bodhi* é atingida, apenas, com a perfeição, quando as Quatro Nobres Verdades são compreendidas completamente e faz cessar o *karma*. *Bodhi*, de fato, inclui *anattā*, a abstenção do ego.

Segundo Buda (citado por Armstrong, 2011, p. 107), "bons filhos é como obter ouro pela fusão do minério". O ouro não vem a ser o que é por causa da fundição e, mesmo que se passe um tempo incontável, a natureza do ouro nunca se corrompe. É errado dizer que ele, originalmente, não era perfeito. A perfeita iluminação também é assim (Armstrong, 2011, p. 107-110).

Com o tempo, ocorreu a divinização de Buda. No início, não havia representações que adotavam a figura humana, apenas símbolos, como: árvore da iluminação, árvore da sabedoria, roda da lei etc. Os discípulos queriam alguma recordação de Buda, contudo, consideravam que uma estátua seria inadequada, pois "no Nirvana, ele não mais existia no sentido usual" (Armstrong, 2011, p. 110).

No século I a. C., surgiram as primeiras imagens de Buda, inspiradas nas estátuas gregas, mas com típicos olhos orientais, fechados e com um sorriso solene (Samuel, 1997, p. 114). Essas imagens passaram a desempenhar um papel muito importante na espiritualidade budista, embora fossem o contrário do que o próprio Buda havia pregado (Armstrong, 2011, p. 111). Segundo Richardson (1986, p. 20), a adoção de imagens teve o objetivo de tornar o budismo aceitável para a população, inclusive de outros países, como a China.

O budismo tem se difundido no Ocidente nos últimos 40 anos. O cristianismo precisa se dedicar ao diálogo inter-religioso com os budistas, os quais têm se empenhado em propagar as concepções da meditação, o que também foi uma prática desenvolvida por Jesus. As filosofias da Índia sublinharam a importância da conciliação e do apaziguamento, do mesmo modo, ênfases da prática cristã.

5.3 Diálogo com as religiões africanas

A escravização e a mercantilização dos africanos destruíram as estruturas sociais e de parentesco entre eles nas novas terras para as quais foram levados; assim, surgiram novas associações que produziram um parentesco fictício – uma vez que os escravos tiveram suas famílias despedaçadas. Já nos navios negreiros, houve uma cultura de oposição. As canções foram o meio de comunicação adotado para se manifestarem (Brito, 2017, p. 17).

A recriação das Áfricas nos locais de destino, as Américas, teve um espaço importante no campo religioso ao permitir a recriação do passado. Muitos desses campos tomaram forma nas irmandades negras, desenvolvidas em meio ao catolicismo, religião que lhes foi imposta na América Latina e outros continentes em que se expandiram as práticas escravagistas. Nas referidas irmandades católicas foram criadas identidades, e elementos do passado religioso africano passaram a coexistir com práticas cristãs. Surgiu, então, um processo religioso híbrido, em que também estava presente o culto aos mortos.

No desenvolvimento das religiões afro-americanas, são identificáveis os *deuses no exílio*, expressão referida por Roger Bastide como as manifestações dos intercâmbios culturais afro-brasileiros, e a *cosmogonia*, em que se relacionam divindades e ancestralidades (Brito, 2017, p. 24-31). São expressões da diáspora africana, "universos em reconstrução e construção contínuas" (Brito, 2017, p. 35).

PRESTE ATENÇÃO!

Cosmogonia corresponde ao corpo de doutrinas ou princípios religiosos "que se ocupa em explicar a origem, o princípio do universo" (Houaiss; Villar, 2001, p. 853).

Geralmente, as religiões tradicionais africanas vinculam as divindades à fertilidade masculina e feminina, à saúde, à riqueza e às forças da natureza. Os antepassados podiam se apossar de um corpo para se comunicar com os descendentes (Baggio, 2017, p. 51). No entanto, não há um panteão unificado nas religiões africano-brasileiras, "apenas alguns cultos eram comuns a diferentes cidades" (Prandi, 2017, p. 69).

> **CURIOSIDADE**
>
> A África é o continente onde a humanidade surgiu e onde se deu a primeira manifestação/relação do ser humano (homem e mulher) *do* e *com* o transcendente.

A cultura afro-brasileira, no seu aspecto religioso, tem como fundamento muitos mitos para se organizar. Pelo conhecimento do mito, o iniciado pode empenhar-se melhor na manutenção das relações individuais e coletivas. Por meio dos mitos, dos *Itans dos odus* (histórias dos caminhos) é que chegamos ao conhecimento de nós mesmos e do grupo a que pertencemos e do qual participamos. E, por mais que sejamos sociais e humanos, os mitos africanos mantêm o ser humano também conectado à unidade da natureza (Machado; Petrovich, 2002, p. 122-123).

São características invariáveis da visão de mundo africana: a unidade; a comunidade e a hierarquia das ordens e dos seres do universo; a representação dos ancestrais de grandes méritos; o vínculo indissolúvel entre o visível e o invisível e, mais especificamente, entre os mortos, os espíritos e os vivos; a importância primordial do ato de viver.

Religiões de matriz africana são aquelas cuja essência teológica e filosófica provêm das tradicionais religiões vivenciadas no continente africano. Essas religiões podem ser divididas em dois tipos: as religiões tradicionais africanas e as religiões afro-americanas.

As **religiões tradicionais africanas** são aquelas praticadas no continente, geralmente em zona rural, e atualmente mais ligadas às famílias. Cerca de 29% da população africana pratica as suas religiões tradicionais; 35%, o cristianismo e outras; 35%, o islamismo; e, aproximadamente, 1% pratica outras religiões, incluindo o hinduísmo. Já as **religiões afro-americanas** são advindas principalmente da África, de grupos da diáspora africana. Na América, os grupos em que predomina a religião africana são: Bantos, Iorubás ou Nagôs e Fon (Lopes, 2011, p. 589).

Temos ainda as **religiões afro-caribenhas**, cujo principal representante é o *Vodu*, nome da religião afro no Haiti. Muito sincrética, é uma mistura de elementos da religião dos povos Jeje, do antigo Daomé, hoje República do Benin, que cultuavam os *vodun*, divindades muito semelhantes aos orixás do povo vizinho, os Iorubás, com a religião indígena das ilhas. *Santería* é o nome da religião afro em Cuba. Cultuam os orixás dos Iorubás, que chamam de *lucumi* (nome antigo destes); é muito parecida com o candomblé. Também é chamada de *Regla Del Ocha*, ou simplesmente *Regla*, cujos praticantes são os santeiros (Lopes, 2011, p. 589).

No contexto brasileiro, a religião de origem africana canalizou-se como candomblé, uma religião anímica, isto é, que tem a natureza como alma. Os sacerdotes africanos escravos tentaram continuar a prática dos ritos africanos, mas foram sincretizando suas práticas com o catolicismo brasileiro para não sofrer sanções. A maioria dos seguidores do candomblé de hoje não tem ascendência africana, porém o mesmo não ocorreu com a família Iorubá, cujos papéis, cargos e títulos foram incorporados no candomblé (Prandi, 2017, p. 81)

Os primeiros escravos chegaram em 1532, com a vinda do governador geral Martim Afonso de Souza e o começo do cultivo de cana-de-açúcar. Essas pessoas falavam dialetos dos grupos linguísticos banto, yorubá e jeje-fon. Eram classificados de acordo com os portos onde embarcavam como escravos na África. As religiões de matrizes africanas estão ancoradas nos princípios da oralidade, da temporalidade, da senioridade e da ancestralidade, sem necessitar de um texto básico para defini-las (Bastide, 2001, p. 25-28).

> **Preste atenção!**
> A senioridade está relacionada com o envelhecimento decorrente de se tornar sênior (Bastide, 2001, p. 25-28).

Para compreendermos a essência das religiões referidas, devemos nos despir de preconceitos, que ameaçam alterar a realidade dos fatos etnográficos, de forma a alcançar o verdadeiro significado das cerimônias e dos gestos que compõem os ritos religiosos africanos (Bastide, 2001, p. 25-28).

Os espíritos da natureza passaram a ser cultuados como divindades e designados como orixás, com poder para governar aspectos do mundo natural, como trovões, raios, fertilidade da terra, e para serem guardiões de montanhas, cursos de água, árvores e florestas. Nesse liame, cada rio africano tinha o seu orixá (Prandi, 2005, p. 101-102).

Figura 5.4 – Ritual religioso africano

A religião é a ritualização da memória que garante a identidade do grupo. Para as religiões africanas, o membro de uma família, ao morrer, volta a reencarnar no mesmo núcleo familiar, uma forma de retorno consoante o pensamento de ciclo sem fim, contudo, sem a noção de céu, inferno ou purgatório, presente no pensamento cristão e judaico, ou mesmo no pensamento espírita, que acredita que o espírito evolui ou retorna para pagar por algum mal que cometeu.

Para os adeptos de cultos africanos, o sangue do animal sacrificado é utilizado para aumentar a força dos Orixás nos assentamentos – assim, o sangue tem um sentido religioso de vida.

Por fim, temos o elemento moral, que sofreu sérias mudanças no decorrer do tempo: originalmente, para o africano, moral e religião eram elementos equivalentes, visto que tudo depende da ação dos espíritos. Prandi (2005, p. 38) relata que:

> A escravidão destruiu as estruturas familiares dos africanos trazidos como escravos para a América, submeteu-os a um ritmo de trabalho compulsório e alienado, impôs novas crenças e um novo modelo de vida cotidiana que pressupunha outra maneira de contar o tempo e de concebê-lo. Assim, quando a religião dos orixás foi reconstituída entre nós, muitos dos aspectos e conceitos da antiga cultura africana deixaram de fazer sentido e muitos desapareceram. Mas muito das velhas ideias e noções se reproduziram na cultura religiosa dos terreiros de candomblé e de outras religiões dedicadas aos orixás iorubanos, voduns fons e inquices bantos, assim como muita coisa se conservou, em maior ou menor escala, em aspectos não religiosos da cultura popular de influência africana.

No Brasil, estabeleceram-se diversas religiões de origem africana. Entre elas, podemos citar o batuque, no Amazonas, no Pará e no Rio Grande do Sul; o candomblé, na Bahia; o Catimbó, do Piauí ao Rio Grande do Norte; a pajelança, o batuque e o babaçuê, no Amazonas e no Pará; a Casa de Minas, no Maranhão; a umbanda, a macumba e a quimbanda, no Espírito Santo, no Rio de Janeiro e em São Paulo; o xangô, em Alagoas, na Paraíba, em Pernambuco e em Sergipe. Em meio a essa diversidade, as duas principais religiões, entretanto, são a umbanda e o candomblé, com diversas outras variedades (Acquaviva, 1988, p. 72).

Ao chegarem ao Brasil, os africanos precisaram se adequar à nova realidade em vez de se prenderem ao território em que, originalmente, eram cultuadas as divindades africanas. A estratégia foi, então, adotar os espíritos das terras brasileiras em substituição aos inquices africanos, que, por questões evidentes, não poderiam ser transferidos para o Brasil, já que estavam presos ao território originalmente cultuados.

Preste atenção!
Inquice é o orixá nos candomblés de Angola e do Congo (Prandi, 2005, p. 38).

Nesse liame, emerge o caboclo, que nada mais é do que o espírito de um índio ancestral brasileiro, que forma o chamado *candomblé caboclo*. Tempos depois, foi adotado pela umbanda e passou por novas transformações, sem perder o mito da origem indígena, o uso do tabaco e os artefatos indígenas (Prandi, 2005, p. 121).

A escravidão destruiu a identidade original do negro africano. Sem família (que foi destruída no processo de escravização), ele não tinha orixá e, sem orixá, não tinha mais religião. Por isso, fez-se necessária uma recriação religiosa. Criou-se outra forma de determinação do orixá das pessoas. Assim, por meio do jogo de búzios, a mãe de santo passou a identificar o orixá de cada pessoa, e a adivinhação passou ao serviço oracular e a prestar oferendas propiciatórias.

> **Preste atenção!**
> *Serviço oracular* é o aconselhamento por meio da consulta de oráculos ou revelação por meios misteriosos (Houaiss; Villar, 2001, p. 2074), o que pode envolver a feitiçaria.

Oferendas propiciatórias são as oferendas da umbanda realizadas para pagar por erros cometidos.

Assim, possibilitou-se a recriação religiosa da África no Brasil. Por outro lado, atualmente, a maioria dos que consultam o jogo de búzios não é mais de ascendência africana (Prandi, 2017, p. 79-81).

FIGURA 5.5 – Ritual afro-brasileiro

Ciceia Almeida/Shutterstock

No processo da recriação religiosa que mencionamos, o candomblé desenvolveu a ideia de que o santo baixa sobre determinada pessoa, o que foi um recurso adotado na recriação de uma África imaginária no Brasil (Prandi, 2017, p. 91). Essa ideia, que não está presente na religião africana, foi um mito desenvolvido nos terreiros de Recife, Rio de Janeiro e São Paulo, gerando a ideia de que os corpos seriam receptores dos orixás, tornando-se seus cavalos (Prandi, 2001, p. 527-561).

No sincretismo ocorrido entre o catolicismo e as religiões africanas, a maior parte dos orixás passou a assumir o papel dos santos da Igreja Católica. Assim, Exu assume o papel do diabo, o sacrifício foi substituído pela oração, a quebra de tabu foi substituída pelo pecado, a Oxalá se atribuiu o papel de Jesus Cristo e a concepção do Deus pai-judaico-cristão ajustou-se a Olorum dos Iorubás (Prandi, 2005, p. 76-77).

Na visão iorubá, os orixás receberam do Ser Supremo "a incumbência de criar e governar o mundo, ficando cada um deles responsável por alguns aspectos da natureza e certas dimensões da vida em sociedade e da condição humana" (Prandi, 2001, p.19). A partir da década de 1960, propagou-se a religião dos orixás no Brasil e houve uma expansão do candomblé, que ganhou adeptos não necessariamente de origem afro nem de escolaridade baixa.

Portanto, a diáspora africana, originada, em regra, de situações de escravidão e de opressão, produziu sistemas de crenças sincréticos entre afrodescendentes no mundo atlântico. Os escravos levaram suas crenças oriundas de todos os cantos da África para as Américas. Na nova realidade, houve a interação entre "pessoas vivas, espíritos e ancestrais que funcionavam como elos essenciais ao passado, quer dizer, à memória humana do passado" (Goucher; Walton, 2011, p. 126). Os escravos tinham história religiosa múltipla: muçulmana, cristã e sistema religioso nativo. As novas religiões sincréticas que surgiram misturaram variados elementos. Em geral, esses desenvolvimentos geraram resistência, com vistas à preservação da memória.

Desse modo, no caldeirão social, os africanos procuraram sobreviver, construindo espaços que viabilizassem a recriação da sua cultura e da sua visão de mundo que influenciaram bastante a cultura do Brasil. Em geral, valorizavam os fatores positivos; aquilo que era contrário era visto como fruto de feitiçarias promovidas por pessoas mal-intencionadas e por espíritos malévolos (Mattos, 2016, p. 157).

5.4 Diálogo com o xintoísmo

O xintoísmo, apesar de ser considerado religião por estudiosos ocidentais, está relacionado à espiritualidade tradicional do Japão e dos japoneses. Incorpora práticas espirituais derivadas de várias tradições pré-históricas japonesas, regionais e locais. O xintoísmo não teve fundador, textos sagrados fundamentais, códigos morais ou éticos. A pergunta é: Como, então, se tornou uma religião? Ele se constituiu como culto dos antepassados, em que os deuses eram vistos como personificação das forças naturais: sol, lua, tempestades, espíritos dos antepassados, lealdade ao imperador e aos antepassados imperiais (Borau, 2008, p. 153).

O movimento se originou no século VIII d.C., no Japão, conjugando a crença animista nos espíritos da natureza, a adoração aos ancestrais e o fato de os imperadores se dizerem descendentes dos deuses. No entanto, suas origens remontam ao período pré-histórico japonês. Na tensão com a religião rival, o budismo, no século VI d.C., o xintoísmo precisou se definir doutrinariamente.

Em 1946, por exigência dos ganhadores da Segunda Guerra Mundial, o imperador japonês renunciou a sua linhagem divina. Com isso, o xintoísmo foi separado do Estado japonês, no entanto, ele ainda continua a ser praticado no país como a religião nativa tradicional do Japão.

No século XIX d.C., tornou-se a religião oficial do Japão.

O xintoísmo é conhecido, hoje, como o *caminho do kami*, que são as forças naturais e também a alma dos antepassados, a essência de tudo. Os elementos ambientais e as montanhas – por exemplo, o Monte Fuji – são tidos como sagrados. Os *kamis* são deuses, almas, ancestrais da família e de outros seres humanos. Existem no plano material bem como no sobrenatural, respondem às orações e interferem nos acontecimentos. No entanto, não são onipotentes. Os maiores deuses são Izanagi e Izanami, que criaram o mundo, e a adoração a esses seres demonstra conexão com a história e a tradição japonesas (Ambalu et al., 2014, p. 83-84). Além disso, temos os *kamis* Amaterasu Omikami, o grande deus sol; Tsukiyomi-no-Mikoto, o deus Llua; e Susano-O-no-Mikoto, o deus do mar e das tempestades (Xintoísmo, 2019).

O imperador Meiji Mutsu-Hito declarou o xintoísmo como a única religião do Estado japonês, dissociando-a do budismo. Tornou-o, assim, de caráter nacionalista, intimamente ligado à pessoa do imperador, o qual passou a ser adorado. Atualmente, há numerosas seitas no xintoísmo e mais de cem mil templos no Japão (Borau, 2008, p. 153-154).

FIGURA 5.6 – Símbolos religiosos xintoístas

O xintoísmo é uma religião baseada no respeito e no culto à natureza. A relação homem-natureza é o ponto central e uma crença panteísta, pois considera que todos os elementos são Deus. Cada deus é responsável por um elemento específico da natureza, e os deuses podem ter as mais variadas formas. A principal divindade é a deusa do Sol, Amaterasu Omikami, que teria nascido do olho esquerdo do deus da criação, Azanagui.

Essa religião defende a necessidade de se estabelecer um equilíbrio entre o ser humano e a natureza, que é compreendida como parceira do homem. Essa visão se opõe ao comportamento do homem ocidental, que enxerga as forças naturais como adversárias, lutando sempre para dominá-las e subjugá-las.

> **Curiosidade**
> Alguns estudiosos chegam a desconsiderar o xintoísmo como uma religião, pois não tem um dogma estabelecido, uma escritura de leis, um código moral ou mesmo um autor ou profeta fundador, a exemplo de outras religiões.

A receptividade a novas culturas e religiões também é uma das características do xintoísmo. É, ainda, a única religião considerada genuinamente japonesa. A palavra *xintoísmo*, na tradução literal, significa "caminho dos deuses". Muitos japoneses têm outras crenças e, mesmo assim, praticam rituais tipicamente xintoístas, em casa ou nos templos. Desse modo,

> O xintoísmo e o budismo são duas religiões que estão sincretizadas no Japão, pois cerca de 80% dos japoneses praticam os rituais xintoístas atrelados aos preceitos do budismo. O xintoísmo surgiu antes do budismo, no entanto os xintoístas absorveram muitas das crenças dos budistas em seus rituais e filosofia. (Xintoísmo, 2019)

5.5 Diálogo com o espiritismo

O espiritismo surgiu em 1848, por intermédio das irmãs Fox, que tiveram experiências de invocação e manifestação dos espíritos, com mesas que giravam quando pessoas se colocavam a sua volta e batiam sobre elas. No Brasil, essas experiências se manifestaram a partir de 1853 (Kloppenburg, 1960, p. 12). *O livro dos espíritos* e *O livro dos médiuns*, de Alan Kardec, tornaram-se as obras fundamentais do espiritismo brasileiro.

O espiritismo é entendido como uma restauração da religião de Cristo, e Kardec é colocado ao lado de Moisés e Cristo como aquele que manifestou, em seus livros, a expressão mais fiel da terceira revelação (Kloppenburg, 1960, p. 293).

CURIOSIDADE

Allan Kardec (1804-1869) era o pseudônimo de Hippolyte Léon Denizard Rivail, nascido em Lion, na França. Ele foi enviado, com dez anos, a Yverdon, na Suíça, para estudar no instituto de educação instalado por Johann Heinrich Pestalozzi, o qual influenciou o pensamento religioso de Kardec (Wantuil; Thiesen, 1979, p. 69-70).

Pestalozzi dava à Bíblia um valor apenas relativo e tinha pouco apreço pelas doutrinas cristãs. Ele defendia um cristianismo racionalista, em que se negava a existência de pecado original, da graça e da redenção (Wantuil; Thiesen, 1979, p. 69-70). Nesse contexto, a verdadeira religião não é outra coisa senão a moralidade. Interessava quase só o ensino moral contido nos Evangelhos. Daí, Kardec construiu a visão que a parte moral é o terreno no qual as religiões todas podem se reunir. Desde os quinze anos de idade, Kardec desenvolveu a ideia de uma forma religiosa com o propósito de unificar as crenças.

O espiritismo lhe forneceu o elemento indispensável para solucionar isso, o que o levou ao estudo dessa religião a partir de 1855 (Wantuil; Thiesen, 1979, p. 73-76). Kardec entendeu o espiritismo como terreno neutro no qual se poderia constituir o ponto de encontro das religiões e gerar progresso moral e progresso da inteligência.

O espiritismo não era entendido por Kardec como religião constituída, mas a ponte de ligação entre as religiões constituídas. Todas as crenças são diversas na forma, mas "repousam realmente sobre um mesmo princípio fundamental – Deus e a imortalidade da alma. Se fundirão em uma grande e vasta unidade, logo que a razão triunfe sobre os preconceitos" (Wantuil; Thiesen, 1979, p. 77).

Em suas pesquisas, Kardec analisou o magnetismo animal (também conhecido como *mesmerismo*), em voga no final do século XVIII d.C. e no início do século XIX d.C., conheceu os diagnósticos e prescrições terapêuticas fornecidas por sonâmbulos, clarividência, visão por meio de corpos opacos, previsão etc. Kardec iniciou-se no mesmerismo em 1823 (Wantuil; Thiesen, 1979, p. 102).

Em 1854, o magnetizador Fortier falou a Kardec pela primeira vez sobre as mesas falantes, que se tornaram um fenômeno importante do espiritismo kardecista (Wantuil; Thiesen, 1979, p. 105).

Kardec (1950a, p. 93) falava da graça como algo que se obtém por meio de caridade e humildade. Para ir a Deus, existe apenas uma palavra de passe: *caridade* (Kardec, 1950a, p. 158).

A visão a respeito dos espíritos e da reencarnação é fator que permeia a ética kardecista. Kardec (1950b, p. 261) defendeu que todas as almas, um dia, chegarão à perfeição por meio da passagem por outras existências, mesmo aqueles que são rebeldes ao progresso. Para ele, "o progresso dos homens ressalta a justiça da reencarnação" (Kardec, 1950b, p. 262).

Para Kardec (1950a, p. 62), Jesus é o caminho para se chegar ao espiritismo. Assim, o cristianismo abriu o caminho para o espiritismo (Kardec, 1950b, p. 265), e o espiritismo fez aquilo em que o cristianismo falhou (Kardec, 1950a, p. 123).

Todo ser humano deve ter liberdade de consciência. Nesse sentido, toda crença, quando sincera e conduz à prática do bem, deve ser respeitada. Apenas se devem reprimir os atos exteriores de uma crença quando são prejudiciais a terceiros (Kardec, 1950b, p. 275).

As fatalidades que ocorrem na vida do ser humano não são sinais de falta de igualdade, pois existem, apenas, devido à escolha feita pelo espírito antes de se encarnar. Ele é que escolheu suportar esta ou aquela prova (Kardec, 1950b, p. 277), buscando aquelas que melhor sirvam à sua elevação (Kardec, 1950b, p. 281).

No espiritismo, quando fazemos o bem, trabalhamos para nós mesmos. Assim, é sempre necessário ajudar aos fracos (Kardec, 1950a, p. 250). A caridade está ao alcance de todos e independe de qualquer crença particular. Os que houverem praticado a máxima *Fora da caridade não há salvação* encontrarão a graça diante de Deus (Kardec, 1950a, p. 254). Logo, a caridade está acima da fé e fora dela não há salvação.

Na visão de Kardec, é o espiritismo que dá a chave para a compreensão do que foi revelado, por Moisés, no decálogo e, por Jesus, no Sermão do Monte, em Mateus, 5-7.

Também percebemos uma glorificação do espiritismo em todos os escritos de Kardec. É o espiritismo que destrói o materialismo e deverá marcar o progresso na humanidade no futuro.

O primeiro passo para o ser humano se fixar na moral espírita é aceitar o princípio da doutrina espírita (Kardec, 1950a, p. 187). Não há, portanto, uma prática dissociada da doutrina. Toda ética é revista por meio dos princípios da reencarnação e visa à busca dos bens, não deste mundo, assim como ao melhoramento moral que permita ter uma vida mais elevada no além, traduzido por: Eu é que mereço o que ganho de Deus.

A alma humana é vista como preexistente, e não criada no momento da concepção do ser humana, senão Deus seria injusto por criar algumas almas mais adiantadas do que outras. Isso seria uma espécie de acepção de pessoas. O homem tem em si todas as condições para o seu progresso. Kardec defende que eu é que expio minhas falhas (meu passado) e o que eu faço é que me salva. Assim, o espiritismo não aceita o sacrifício vicário de Cristo por nós na cruz.

A morte conduz a uma vida melhor, pois livra-nos dos males desta vida (Kardec, 1950a, p. 64). "Aquele que sofre muito deve dizer que muito tinha a expiar e alegrar-se pela cura rápida" (Kardec, 1950a, p. 66).

5.6 Diálogo com as religiões indígenas brasileiras

Não teremos condições de apresentar um estudo exaustivo sobre as inúmeras religiões dos índios do Brasil. Contudo, há uma clara consciência de que muitos métodos utilizados para a cristianização dos indígenas se constituíram em um tipo de cativeiro dissimulado. Apesar disso, algumas microetnias tribais sobreviveram no Brasil (Ribeiro, 2015, p. 18).

> Apesar da unidade linguística e cultural que permite classificá-las em uma só macroetnia, oposta globalmente aos outros povos designados pelos portugueses como *tapuias* (ou inimigos), os índios do tronco tupi não puderam jamais unificar-se numa organização política que lhes permitisse atuar conjugadamente. Sua própria condição evolutiva de povos de nível tribal fazia com que

cada unidade étnica, ao crescer, se dividisse em novas entidades autônomas que, afastando-se umas das outras, iam se tornando reciprocamente mais diferenciadas e hostis. (Ribeiro, 2015, p. 27)

No ambiente multireligioso existente no Brasil, é imprescindível entender o índio como ser humano capaz e livre, não confundindo-o com a visão idílica do bom selvagem, própria do romanticismo, que parte da visão de um paraíso perdido.

Nas religiões indígenas sempre se valorizou a pajelança, o xamanismo e o curandeirismo, a preservação das florestas, dos rios não poluídos, da fauna e da flora. Geralmente, os índios têm uma dieta rica em proteína animal e em comida de origem vegetal (Souza, M., 2015, p. 36). Eles precisam ser aceitos como diferentes, como portadores de uma outra lógica e com direitos de existência.

As religiões dos indígenas geralmente ficam de fora da listagem das religiões mundiais, talvez por que não tenham passado "por um longo processo de globalização" (Laraia, 2005, p. 7).

Entre os tupi-guarani, o xamanismo é designado de *pajelança*, prática marcada pela diversidade:

> Embora exista uma surpreendente uniformidade nos procedimentos dos xamãs, ocorre uma grande diversidade de explicações para o surgimento dos mesmos. Em alguns casos, a explicação é a hereditariedade, ou seja, somente podem ser xamãs os descendentes de um outro. No caso tupi-guarani, o fator hereditário não é necessário. Acredita-se que se trata de um dom que deve ser descoberto e desenvolvido através do aprendizado. (Laraia, 2005, p. 8)

Seu papel seria a cura dos espíritos que produzem doença e morte. A descrição de uma experiência de pajelança relata:

> Acredita-se que o xamã, além de atrair os *karuara* – uma variedade de seres sobrenaturais –, atrai também as almas dos antepassados

das pessoas presentes no ritual. De fato, uma das canções entoadas no início do ritual possuía um estribilho que era precedido pelos nomes de todos os antepassados que ainda constam da memória do grupo. [...] Mas é preciso alertar o leitor que em muitos pontos ainda existe, por parte dos diversos pesquisadores, uma incompreensão do sistema religioso, o que demanda mais pesquisas. Um desses pontos refere-se à noção de alma. Em sua denominação mais usual, provavelmente referindo-se apenas à alma de um homem vivo, o termo utilizado é *owera*. Uma outra denominação refere-se aos espíritos dos mortos, *asonga*. Entre os kaapor, a palavra utilizada para este caso é *anhang*, que frequentemente é traduzida como "diabo". Diferentemente dos *karoara*, que são espíritos independentes dos homens, os *asonga* interferem nos sonhos dos vivos, perambulam pela floresta, podem ser vistos, tornando doente quem tiver a infelicidade de encontrá-los. Mas não vagam eternamente pelo mundo: ao contrário, a sua permanência é curta e um dia atingem o "céu", através da *itakuara*. (Laraia, 2005, p. 9-10)

FIGURA 5.7 – Pajé da Amazônia

O pajé tira das pessoas o espírito que lhes produz doenças e mortes. As religiões indígenas seguem uma outra lógica, distinta daquela do cristianismo.

> Em todas as religiões indígenas, não se pode esperar uma estrutura que funcione dentro de uma lógica que é nossa. Os tupi-guaranis se consideram descendentes de Mahyra, mas não têm uma genealogia mítica para tornar clara essa descendência. Não se preocupam

mesmo em explicar com quem os gêmeos, do sexo masculino, se casaram para dar continuidade à estirpe de Mahyra. Ao contrário do texto bíblico que explica que Caim teve que buscar uma esposa ao "leste do Éden", o mito tupi omite essa informação. Em todo caso, imaginam que outras mulheres deveriam existir, porque o que Mahyra fez foi, apenas, criar os tupis. O mundo já existia antes dele, que saiu de um pé de jatobá em uma terra destruída por um grande incêndio. Mas não é importante saber quem são as mulheres em uma sociedade fortemente patrilineal, pois os filhos descendem apenas do pai. É por tudo isso que até hoje os kaapor exclamam ao verem uma estrela cadente deslocando pelo céu: "Lá vai *Mahyra*, o nosso avô!". (Laraia, 2005, p. 13)

A pequena descrição da religiosidade indígena feita neste tópico atesta o multiculturalismo religioso existente no Brasil e a necessidade de uma pesquisa muito mais abrangente a ser feita.

Curiosidade

Mahyra é o herói mítico dos tupinambás que lhes ensinou a plantar, utilizar o fogo, fabricar instrumentos, além de fornecer-lhes as normas de seu comportamento social. É considerado o grande antepassado dos tupis. Os tupis da Amazônia o chamam de *Mahyra*, *Bahira*, *Maira* ou *Mair*. Do ponto de vista antropológico, ele pode ser definido como um herói civilizador, já que os tupis não têm a ideia de um ser supremo, eterno e criador de todas as coisas, como o Deus cristão. Na mitologia *kaapor*, Mahyra saiu de um pé de jatobá, em um mundo calcinado por um grande incêndio, plantando novamente tudo o que o fogo queimou. O seu grande feito foi a criação do povo tupi (Laraia, 2005, p. 12).

5.7 Diálogo com as religiões chinesas

A filosofia religiosa atravessa a história da China. As ideias filosóficas de Confúcio influenciam as pessoas há pelo menos 2.600 anos. Confúcio (citado por Schoeps, 1958, p. 73), ao ser questionado sobre como era a vida após a morte, respondeu: "Nós não conhecemos nem sequer a vida, como vamos falar sobre o que vem após a morte?". Assim, podemos perceber que os chineses, diferentemente dos hindus, não são apaixonados pela transcendência (Schoeps, 1958, p. 73).

Confúcio (551-479 a.C.) teve seus ensinamentos registrados por seus discípulos, os quais incentivava a seguir o modelo dos reis sábios da Antiguidade e a buscar a ordem na família e na sociedade.

Na história chinesa, nunca houve um grande apóstolo, nem mártir, nem salvador, mas existiram uns poucos que poderíamos denominar de *líderes religiosos*. Na sociedade chinesa, quem desempenha um papel de destaque não é o sacerdote, e sim o estudioso.

> A religiosidade chinesa surgiu da vinculação de vários elementos: nativo e estrangeiro, racionalista e primitivo. Além disso, de acordo com sua estratificação social, o povo chinês também é religiosamente dividido. Vastas massas se mantêm firmes em superstições e animismo – a herança da cultura chinesa primitiva. A camada superior estudada, pelo contrário, mantém-se na ética confucionista e segue rigidamente as formas tradicionais, o que não exclui um leve toque de ceticismo. (Schoeps, 1958, p. 73, tradução nossa)

FIGURA 5.8 – Templo do confucionismo em Taipei

Nunca existiu uma fé religiosa chinesa unificada. As grandes massas populacionais da China são religiosas e realizam apenas culto aos antepassados e cerimônias tradicionais, além de abordarem os sentimentos vivenciais comuns que repercutem nos seres humanos e no contexto, na forma de consciência de uma unidade interior e de uma profunda consideração da natureza em todas as suas manifestações.

O sentimento vivencial chinês tem sido denominado *universismo*, o que significa que a harmonia do universo é mais importante que as divindades. As forças do universo precisam se harmonizar com os segredos do taoísmo.

Preste atenção!

No contexto da religião tradicional chinesa, o taoísmo enfatiza uma vida em harmonia com o *tao*, o conhecimento intuitivo da vida que não pode ser apreendido completamente, rivalizando com o racionalismo, tipificado no confucionismo (Houaiss; Villar, 2001, p. 2669).

As forças originais primitivas universais são a oposição e a combinação dos dois princípios básicos – *yin* e *yang* – do universo, respectivamente, o elemento masculino ativo e o feminino passivo. Essas forças agem em circularidade, mas entre elas não há inimizade nem oposição dualística.

> **PRESTE ATENÇÃO!**
> *Agir em circularidade* quer dizer "complementar-se mutuamente" (Houaiss; Villar, 2001, p. 727).
>
> O termo *dualístico* refere a *dualismo*, ou seja, que contém princípios desse pensamento (opostos e complementares) (Houaiss; Villar, 2001, p. 1087).

As referidas forças querem sempre, e em todas as ocasiões, atuar conjuntamente em forma harmônica. Ambas são importantes e necessárias para a ordem mundial. O *tao* é a fonte de sua unidade e, portanto, a origem de toda a ordem mundial. O conceito do *tao* apareceu pela primeira vez nos escritos chineses por intermédio do filósofo Lao-Tsé, como modelo fundamental e correto da ordem cósmica no centro do pensamento chinês (Schoeps, 1961, p. 214-215).

> **CURIOSIDADE**
> O nascimento de Lao-Tsé ocorreu entre 604 e 571 a.C. Ele se tornou autor do *Livro do caminho e da virtude*, o mais antigo livro de filosofia chinesa que chegou até nós como o evangelho taoísta.

Após o ensino existencial de Confúcio, seguiu-se a difusão do taoísmo (Goucher; Walton, 2011, p. 118). A filosofia chinesa é fortemente existencial, e a mente apresenta-se como estética e intuitiva, aprofundando o elemento fenomênico e dando espaço ao mistério divino, além de promover o culto aos antepassados (Borau, 2008, p. 139).

FIGURA 5.9 – Templo taoísta

Hoje, as religiões tradicionais chinesas agregam 400 milhões de adeptos. Referimo-nos a *religiões tradicionais chinesas* para descrever a complexa interação entre diversas religiões e tradições filosóficas praticadas na China. Os adeptos que juntam credos e práticas de várias doutrinas, como o budismo e o taoísmo, representam em torno de 6% da população mundial (Schoeps, 1958, p. 73).

Os chineses sempre veneraram muitos deuses, o que inclui também o culto aos antepassados – nesse caso, a forma mais típica de os cultuar era por meio da oferta de comida e de vinho. O povo e os governantes ofereciam sacrifícios à natureza da região onde viviam e às divindades da terra.

Por fim, como vimos, nas religiões chinesas há um misto de confucionismo, budismo e taoísmo, os três grandes pilares intelectuais da China. Podemos dizer que o primeiro, confucionismo, é mais um sistema que estabeleceu uma ordem ética ideal do que propriamente uma religião. O segundo, budismo, importou o panteão de divindades da Índia que, até o século I a.C., não existia na

China. O terceiro, taoísmo, pregou um afastamento da civilização e o retorno à natureza, o que corresponde a uma mistura entre magia e religião (Schoeps, 1958, p. 73).

SÍNTESE

Neste capítulo, abordamos o diálogo inter-religioso com religiões politeístas em várias dimensões.

Vimos que o hinduísmo é entendido como a intersecção de diferentes povos e culturas, por isso, não tem corpo doutrinário sintetizado nem formas de culto ou instituições comuns. Adota a tríade Brahma (criador), Vishnu (preservador) e Shiva (destruidor) do panteão hindu de 330 milhões de deuses, todos eles considerados como manifestação de Brahma. Os hinduístas começaram a aplicar a Jesus as ideias budistas. Tentaram elaborar uma harmonia entre as Escrituras cristã e hindu. O reencarnacionismo é enfatizado na forma do Cristo em Jesus.

Há também a hipótese de que a doutrina da trindade do Cristo já fosse preexistente no hinduísmo. O filho unigênito não seria o corpo de Jesus, mas seu estado crístico. O hinduísmo venera tudo que rodeia o ser humano.

Entre os seguidores, Buda é visto como mestre e guia da humanidade, e não como deus. O budista não deve se preocupar em se tornar um Buda (iluminado), mas em ter uma existência iluminada, a fim de ajudar outros a alcançar a salvação. A revelação de Buda é que não há verdade revelada e nenhum deus fala pela boca dele. Ele propaga a libertação possível pela adesão às verdades inteiramente humanas que descobriu.

Com o tempo, ocorreu a divinização de Buda. As primeiras imagens dele surgiram apenas no século I d.C. e visavam torná-lo aceitável para a população, inclusive de outros países.

Já as religiões africanas passaram pela escravização e pela mercantilização, que destruíram estruturas sociais e de parentesco.

As canções foram um meio de resistência e de recriação das Áfricas nos locais de destino dos escravos, onde surgiu um processo religioso híbrido. Vimos que os africanos que implantaram suas religiões no Brasil juntaram várias delas para a sobrevivência fora da terra natal.

Por sua vez, os sacerdotes africanos escravos foram sincretizando suas práticas com o catolicismo brasileiro para não sofrer sanções. Assim, os espíritos da natureza passaram a ser cultuados como divindades. A escravidão destruiu a identidade original do africano. A recriação religiosa da África no Brasil se deu por meio do jogo de búzios.

Desse modo, o sincretismo com o catolicismo fez com que os orixás, em sua maior parte, assumissem o papel dos santos católicos. A escravidão e a opressão geraram práticas sincréticas que misturavam elementos de origem muçulmana, cristã e aspectos nativos da África.

Também abordamos o xintoísmo, culto politeísta oriundo do Japão, um culto aos antepassados, no qual os deuses são vistos como personificação das forças naturais e dos antepassados que conjugam as crenças animistas e o culto aos imperadores, entendidos como descendentes dos deuses. Essa religião se baseia no respeito e no culto à natureza e acredita que todos os elementos são deus (animismo).

Tratamos ainda do espiritismo, que se entende como restauração da religião de Cristo, que coloca Kardec ao lado de Moisés e Cristo como aquele que manifestou a terceira revelação. Para Kardec, religião é moralidade e, nesta, todas as religiões podem se reunir. Kardec considerava Jesus o caminho para se chegar ao espiritismo, que acreditava ser terreno neutro para o encontro das religiões. O princípio fundamental delas é Deus e a imortalidade da alma.

As religiões indígenas brasileiras sobreviveram com as microetnias tribais. Vimos que precisamos entender os indígenas como capazes e livres, bem como seguidores de uma lógica distinta. Um dos elementos que se destaca nas inúmeras práticas religiosas indígenas é a pajelança, uma espécie de xamanismo, no qual os índios buscam a cura para as doenças e a morte.

Já os chineses são apaixonados pela transcendência. Comentamos que, nessa sociedade, quem desempenha papel de destaque não é o sacerdote, mas o estudioso. A harmonia do universo é mais importante que as divindades. Os chineses oferecem comida e vinho aos antepassados e sacrifícios à natureza e às divindades da terra em que viviam. Há, assim, um misto de confucionismo, taoísmo e budismo, os três pilares religiosos da China.

Atividades de autoavaliação

1. O politeísmo tem sido definido como um sistema religioso que adota a crença e a consequente adoração de muitos deuses. Sobre isso, marque a alternativa correta:
   a) O hinduísmo se compõe de uma intersecção de valores, filosofias e crenças derivados de diferentes povos e culturas.
   b) O budismo pode ser considerado um islamismo reformado, já que deriva da filosofia e da cosmovisão hindus, mas rejeita o excessivo ritualismo dos brâmanes.
   c) As religiões tradicionais africanas, geralmente, vinculam as divindades à fertilidade masculina e feminina, à saúde, à riqueza e às forças da natureza. Os antepassados jamais podem se apossar de um corpo para se comunicarem com os descendentes.
   d) O xintoísmo não teve fundador, textos sagrados fundamentais, códigos morais ou éticos. Ele se constituiu como culto dos antepassados, e os deuses eram vistos como personificação das forças naturais: sol, lua, tempestades, espíritos

dos antepassados, lealdade ao imperador e aos antepassados imperiais (Borau, 2008, p. 153). Apesar de ser considerado uma religião por estudiosos ocidentais, significa a espiritualidade tradicional da Inglaterra e dos ingleses. A ele, são incorporadas práticas espirituais derivadas de várias tradições.

E] As religiões politeístas são deturpações da revelação monoteísta.

2. É correto afirmar que o budismo é uma religião ateia ou agnóstica. Buda não é, acima de tudo, um profeta como Jesus ou Maomé. Sobre o budismo, assinale a alternativa correta:
   A] Não anuncia Deus, não o revela. Não pretende falar em seu nome. Não tem Evangelho nem Alcorão ditado por Deus.
   B] Os deuses falam pela boca de Buda.
   C] A comunidade monástica (*shanga*) continuou praticando os ensinamentos de Buda por um ano, até que surgiu um conflito entre seus seguidores sobre a forma de apresentar os ensinamentos recebidos.
   D] Os discípulos de Buda queriam alguma recordação dele, contudo, consideravam que uma estátua seria adequada.
   E] O budismo visa à glorificação de Sidarta Gautama e sua veneração como divindade.

3. As religiões afro-americanas provêm, principalmente, dos grupos vindos da África durante a diáspora africana. Os grupos em que predominam a base da religião africana, na América, são:
   A] Bodhi.
   B] Iorubás.
   C] Nagôs.
   D] Kardecistas.
   E] Eledumaré.

4. As religiões de matrizes africanas estão ancoradas nos princípios da oralidade, da temporalidade, da senioridade e da ancestralidade, não necessitando de um texto básico para defini-las. Os espíritos da natureza passaram a ser cultuados como divindades e a serem designados como:
   A] *trovões.*
   B] *caboclo.*
   C] *oxalá.*
   D] *orixás.*
   E] *olorum.*

5. Assinale com (V) as assertivas verdadeiras e com (F) as falsas.
   [ ] O xintoísmo, apesar de ser considerado uma religião por estudiosos ocidentais, está relacionado à espiritualidade tradicional do Japão e dos japoneses.
   [ ] O xintoísmo não teve fundador, textos sagrados fundamentais e códigos morais ou éticos.
   [ ] As origens do xintoísmo remontam ao período pré-histórico japonês. Na tensão com a religião rival, o budismo, no século VI d.C., o xintoísmo precisou se definir doutrinariamente.
   [ ] O xintoísmo é uma religião baseada no respeito e no culto à natureza.
   [ ] O xintoísmo é uma forma disfarçada de culto ao imperador japonês.

   Agora, assinale a alternativa que apresenta a sequência correta:
   A] V, V, F, F, F.
   B] F, F, V, V, F.
   C] V, V, V, V, F.
   D] V, V, V, F, F.
   E] F, F, F, V, V.

Atividades de aprendizagem

Questões para reflexão

1. O espiritismo surgiu em 1848 por intermédio das irmãs Fox, as quais tiveram experiências de invocação e manifestação dos espíritos por meio de mesas que giravam quando pessoas se colocavam a sua volta e batiam sobre elas. Quando e como foi o início dessas experiências no Brasil?
2. A filosofia religiosa perpassa a história da China. As ideias filosóficas de Confúcio influenciam as pessoas há pelo menos 2.600 anos. Releia o capítulo sobre as religiões chinesas, pesquise mais sobre o assunto, descubra o que move a espiritualidade dos chineses e por que podemos dizer que a fé nunca existiu nesse país.

Atividade aplicada: prática

1. O politeísmo tem sido definido como um sistema religioso que adota a crença e a consequente adoração de muitos deuses. Faça uma pesquisa em livros e jornais eletrônicos e responda às seguintes questões:
   A] Os deuses do politeísmo são divididos por atribuições. Escolha um desses deuses e indique as suas atribuições.
   B] Cite alguns deuses das religiões politeístas da mitologia grega.
   C] Cite alguns deuses da mitologia egípcia.

6
DIÁLOGO INTER-RELIGIOSO NA ATUALIDADE

Atualmente, procuramos dialogar com outras religiões a fim de partilhar opiniões e experiências e descobrir os desafios que sejam comuns às várias religiões, além de promover a paz e a harmonia entre os povos.

O diálogo entre as religiões faz com que elas se voltem para fora delas próprias. A promoção da paz e da harmonia almeja a solidariedade nas grandes causas humanas, a preservação do ecossistema e a superação de conflitos. O diálogo necessita dessa objetividade. É inaceitável que sirva apenas para líderes religiosos distribuírem fotos bonitas, que indiquem que estão ao lado da tolerância na vida social.

O processo dialogal se denomina *diálogo inter-religioso* em contraste com o *diálogo intrarreligioso*, este voltado para dentro da própria religião e, geralmente, visando apenas crescimento e fortalecimento próprios. O diálogo inter-religioso não deseja a renúncia de doutrina teológica ou a destruição da identidade de alguma igreja específica ou religião; antes, reconhece o pluralismo de ideias existente e o seu alvo não é acentuar os conflitos. Como escreveu Souza, J. N. (2015, p. 66):

> A busca da transcendência e a consciência da salvação é um tesouro que aproxima e unifica cristãos, muçulmanos, budistas,

hindus e outros. Não remete à renúncia das próprias doutrinas, mas à abertura e ao fortalecimento de identidades: a abertura ao diferente é condição *a priori* para que os fiéis se encontrem e celebrem a festa da unidade; identidades fortalecidas e verdades comunicadas confluem em uma verdade mais sublime e eterna.

A intolerância, o preconceito e o ódio na religião precisam ser superados pelo diálogo. É por meio do conhecimento mútuo e da estima resultantes do diálogo que superamos muitos entraves a uma humanidade melhor. Precisamos superar o passado de intolerância e nos empenharmos no exercício da melhor compreensão uns dos outros e da busca da justiça social, que também abrange a relação inter-religiosa. O amor e o cuidado com relação ao próximo, que estão presentes em várias religiões, devem nos mover na procura por uma melhor compreensão mútua entre os seres humanos e suas respectivas religiões, já que a sensibilidade com relação às pessoas que convivem conosco é importante para mantermos a sensibilidade para com Deus (sensibilidade religiosa).

A tolerância e a inclusão devem ser enfatizadas quando existe sensibilidade religiosa. Nesse caso, as pessoas têm outra ótica: há uma luta frequente contra a injustiça, e o espírito de alteridade passa a transparecer nas relações interpessoais e inter-religiosas. Fazemos eco com aqueles que afirmam que

> não haverá paz entre as nações sem paz entre as religiões. Não haverá paz entre as religiões sem diálogo entre as religiões. Não haverá diálogo entre as religiões sem critérios éticos globais. Nosso planeta não poderá sobreviver sem uma ética global, assumida conjuntamente por crentes e não crentes. (Küng, 2007, p. 732)

Posto isso, introduzimos, a seguir, as abordagens sobre as formas atuais de diálogo inter-religioso.

6.1 Busca da paz

Dialogar implica ser capaz de expressar o seu pensamento e ouvir o pensamento do outro; não apenas ouvir, mas reconhecer o direito que o outro tem de pensar diferente.

Após um momento de diálogo, as pessoas não precisam sair pensando da mesma forma. O fundamental é que elas entendam os próprios pensamentos e, assim, compreendam e acolham os pensamentos dos outros. Na verdade, ninguém conhece sua própria identidade sem conhecer aquilo que é diferente.

Com base nisso, podemos estabelecer meios de estarmos juntos e de cooperação, em que todos contribuam sem se sentirem obrigados a mudar de opinião. Desse modo, aquele que desejar ampliar e flexibilizar a sua forma de pensar é livre para fazê-lo, da mesma forma que aquele que não se sentir impelido a mudar, ou a assimilar novas formas, deve ser respeitado em seu direito de ser aquilo que é, de acreditar naquilo que quiser.

Em se tratando de religiões, isto é muito importante: que pessoas de diferentes tradições religiosas acreditem, ritualizem, enfim, vivenciem a religião cada um a sua maneira. Mas, nesse caso, como podem essas pessoas conversar, dialogar de maneira a construir um mundo pacífico? O que significa para você **construir a paz**?

Certas pessoas se sentem donas absolutas da verdade, por isso, tentam mudar de todos os modos o pensamento dos outros. Foi o que aconteceu com os portugueses, que trouxeram para o Brasil a sua religião e obrigaram os índios e os negros a deixarem suas crenças e seguirem uma visão messiânica da história de Portugal. No século XVI e XVII d.C., como já citamos, partia-se da ideia de que o reino de Deus se expandia pela ação portuguesa. Isso moveu muitas nações europeias em suas ações de conquista. Com esse comportamento, ocorreu uma grande desvalorização do outro, do diferente.

O desrespeito à liberdade individual deixa marcas profundas de amargura. Küng (2013) defendeu que não haverá paz até que exista paz entre as religiões. O diálogo é essencial para que as pessoas se entendam, e a paz social está vinculada à descoberta de significado na existência humana.

A religião é uma resposta metafórica às questões fundamentais: De onde viemos? Para que vivemos e morremos? Como foi que o mundo passou a existir? Quais são as forças que controlam o seu desenvolvimento? E é também uma tentativa de explicação geral da existência.

> **Preste atenção!**
> *Metafórico* refere-se à *metáfora*, uma figura de linguagem que produz sentidos figurados por meio de comparações (Houaiss; Villar, 2001, p. 1907).

A busca da paz é um traço característico das religiões. Isso precisa se transformar em impulso que conduza a uma prática política mundial, com vistas à construção da paz em todos os níveis. Nesse contexto, surge a pergunta: Qual é a religião menos violenta? O que produz menos malefício às relações humanas e à existência na face da Terra?

As interpretações sociológicas, desenvolvidas desde o século XIX d.C., deixaram as religiões na dependência daquilo que consideravam o fator determinante da sociedade. Para alguns, como Marx, era a economia que regia a religião. Hoje, defende-se que a religião está ligada ao social e ao psicológico do ser humano, contudo, tem a sua estrutura própria e é independente da natureza humana.

A RELIGIÃO COMO MEIO DE SUPERAR CONFLITOS

Historicamente, houve mau uso da religião, promovendo-se a guerra e a violência, mas também é certo que, com justificativa religiosa, foi prestada enorme ajuda, promovida a paz e rechaçada a violência. O mundo realmente não seria mais pacífico sem religião. Na África do Sul, percebemos isso na luta pela superação do *apartheid*, o regime de segregação racial.

Até 1994, a África do Sul era governada pela minoria branca, e só ela tinha direito a voto. Estender a participação política para o restante da população só foi possível depois de quase um século de mobilização contra o *apartheid*. Além de não ter acesso às urnas, os negros eram proibidos de comprar terras na maior parte do país e obrigados a viver em zonas residenciais separadas. Casamento e relações sexuais entre pessoas de diferentes etnias também eram proibidos.

Nelson Mandela, Desmond Tuto e outros líderes da luta contra o racismo foram cruciais para ajudar a população a perdoar e a superar a violência. Certamente, o compromisso pela busca de uma solução não violenta para o seu país teve influência positiva das religiões e do diálogo entre elas.

Logo, um dos propósitos das religiões deve ser a busca pela superação dos conflitos, especialmente no Oriente Médio, com a questão palestina. Não há como garantir aos israelitas uma existência como nação se isso é negado ao povo palestino (Küng, 2013, p. 582).

Por fim, a busca pela paz não pode significar sacrifício da justiça, pois a defesa da paz não significa adesão à covardia. Temos de defender os agredidos e desarmar os agressores. Nossa ética não deve ser só de atitudes, mas também de responsabilidades. O pacifismo religioso não anula o direito à legítima defesa nem deve legitimar o crime (Küng, 2013, p. 578).

De acordo com Souza, J. N. (2015, p. 71):

> No diálogo, que tem como fundamento o amor, o espírito se abre à tolerância e à inclusão fazendo com que a pessoa enxergue a realidade sob outra ótica, sem ódio, injustiça e ou qualquer legitimação da violência. O tolerante não se limita a respeitar os "erros" alheios, mas é alguém que vê suas próprias dificuldades refletidas no espelho, que é o outro e torna-se capaz de aceitar e perdoar a si próprio. No diálogo, ao se confrontar com uma verdade alheia, a fé se fortalece ainda mais, pois se cultiva a certeza de que pela alteridade muito se pode aprender e ensinar. [...] Só na abertura ao outro se pode ter essa compreensão e entender que ninguém possui a plena verdade.

Segundo suas raízes no Alcorão e no Novo Testamento, muçulmanos e cristãos deveriam lutar pelo direito à existência do povo judeu, que tem sofrido perseguição e quase o extermínio nos últimos dois mil anos. De acordo com a Bíblia hebraica e o Alcorão, judeus e muçulmanos deveriam cooperar também pela liberdade dos cristãos perseguidos no Oriente. Ou seja, as religiões precisam lutar pela paz e ter coerência com o que professam. Essa luta pela paz, pelos direitos humanos e pela preservação da criação precisa envolver as religiões de origem indiana, chinesa e japonesa, em cuja essência está o compromisso com a busca da harmonia humana e de toda a criação.

Os templos religiosos, de várias origens, estão aí para irradiar e contribuir para a paz, compromisso que precisa ser eficiente (Küng, 2013, p. 592).

Em suma, as religiões surgem como meio de aliança e a favor da paz. Devem promover o diálogo em contexto brasileiro para que consigamos superar a violência crescente do nosso país. É uma enorme contradição haver, em um país, um grande índice de religiosidade e, simultaneamente, um índice elevadíssimo de violência.

6.2 Adoção de uma postura ética

Espera-se, das pessoas que seguem uma religião, que tenham uma postura ética consistente.

Com a crescente e constante secularização pela qual passam todas as sociedades humanas, é crucial que as convicções religiosas não se rendam diante da falta de respeito para com a dignidade humana e do frequente privilégio concedido apenas a faixas economicamente favorecidas da população. As religiões, geralmente, são defensoras da justiça social.

Tanto a Bíblia hebraica quanto o Novo Testamento e o Alcorão oferecem "um sólido fundamento e uma convincente concreção a esta 'ética mundial'. [...] a religião serve como dimensão profunda, sempre acessível, do discurso ético de uma sociedade" (Küng, 2007, p. 721).

A contribuição de uma religião no que se refere aos aspectos éticos da sociedade atual depende de uma postura aberta ao diálogo entre as variadas culturas, segundo os contextos em que estão inseridas. O diálogo serve, certamente, como impulso para a realização da justiça e da paz na sociedade. À medida que as religiões dialogam, podem se tornar aliadas em projetos de engajamento social, com vistas a uma vida social regida por uma ética marcada pela busca do bem. Cada contexto exige uma solução apropriada às necessidades locais. Com pequenos projetos, elaborados por meio do diálogo, começam grandes transformações.

Intensificar o choque cultural traz empecilhos à construção da paz entre os povos. O desejo de aprender uns com os outros é relevante para a construção dessa paz e da justiça com sólida fundamentação ética. Essas ações precisam estar ancoradas em humanitarismo, reciprocidade e confiança. O ódio só será vencido por meio da reconciliação entre os povos e as culturas.

O aspecto religioso se constitui no elemento que gera valores comuns e que produzem coesão social. Princípios de origem religiosa podem ajudar na conciliação das diferenças entre os povos, o que é bem mais produtivo do que promover o choque entre culturas e civilizações. Assim:

> Um sacudimento da consciência mundial, um chamamento à moral, um recurso à dignidade e aos direitos humanos podem, todavia, hoje, transformar algo! Todavia tem, pois, sentido o protesto e, em concreto, sempre que se intente sacrificar a moral à uma "razão de Estado" ou a uma "política realista". A moral há de inspirar também o necessário e urgente desenvolvimento do direito internacional frente a qualquer direito, internacional ou nacional, do mais forte. (Küng, 2013, p. 581, tradução nossa)

Além disso, a cultura da solidariedade é importante para a construção de uma ordem econômica justa. A busca por caminhos não violentos para a superação das dificuldades e o respeito pela vida dos seres humanos são cruciais para a construção da solidariedade e a edificação de uma ordem econômica justa, com tolerância e veracidade, igualdade de direitos e colaboração entre homens e mulheres.

A busca por uma nova ordem mundial depende da adoção de uma postura ética, que precisa andar junto com a paz entre as religiões e o diálogo inter-religioso.

Em vez de uma ordem mundial baseada na paz, na ética e no diálogo, o mundo moderno e pós-moderno têm sido marcados pelo caos, pelas guerras e pelos conflitos. Cada vez, o mundo está mais repartido do que unido.

A busca por uma renovação espiritual da humanidade passa por uma profunda reflexão sobre os ideais e as posturas éticas. Os aspectos mais importantes para a vida e a preservação humanas se relacionam à dimensão ética. Assim, a conquista de uma cultura de não violência é decorrente das decisões éticas dos seres humanos.

O diálogo se entende, portanto, como ética. Com essa visão, as religiões passam a colaborar como forma de superação de problemas sociais, unindo-se na luta contra o racismo e a violência. O diálogo se coloca a serviço da superação de conflitos humanos e sociais e, quando possível, internacionais. Nesse contexto, compete-nos, também, perguntar: Todas as religiões valorizam o ser humano? E elas dignificam, por exemplo, a mulher? Entendemos que a ética está profundamente vinculada à valorização da dignidade humana em todos os seus níveis.

Todas as religiões sérias devem respeitar integralmente a pessoa. Isso é importante. Quando escutamos a outra pessoa ou o grupo, aumenta o nosso respeito com relação a eles, como seres feitos à imagem e semelhança de Deus.

É impossível haver diálogo se a postura for inflexível. Devemos assumir o compromisso de demonstrar sensibilidade para com os dilemas concretos dos demais seres humanos. Nesse sentido, Stott (1977, p. 107, tradução nossa) afirma:

> O diálogo é sinal de genuíno amor cristão por que indica nossa decisão firme de limpar nossa mente dos prejuízos e as caricaturas que tenhamos formado sobre outras pessoas; de forçar-nos a ouvir com os próprios ouvidos e olhar com os próprios olhos com o fim de descobrir o que é que lhes impede de escutar o evangelho e ver a Cristo; de compreendê-los em todas suas dúvidas, temores e preocupações.

6.3 Promoção da dignidade humana

O diálogo inter-religioso abre a porta para que as religiões se articulem, unidas na promoção da dignidade humana.

Atualmente, há uma crescente consciência da miséria social, da fome e da falta de prestação de cuidados básicos de saúde em que vive boa parte da população mundial. Milhões de pessoas não têm possibilidade de acesso a uma vida digna. A preservação humanitária teria de passar por uma coerente planificação familiar, área em que as religiões deveriam colaborar para a melhoria da existência humana. Aliás, as religiões podem ajudar muito mais nessa área do que as campanhas políticas a respeito.

A contenção demográfica precisa vir acompanhada da superação do grande abismo entre ricos e pobres. A falta de democracia, a pobreza, a miséria e o analfabetismo devem ser superados, e a justiça social precisa ser promovida por todas as religiões existentes. Muitas pessoas argumentam que a religião não tem nada a ver com isso, pois ela se restringe a buscar a salvação da alma do ser humano. Então, vejamos a definição de Stott (1977, p. 37, tradução nossa) de quem é o próximo a quem devo amar:

> Nosso próximo não é uma alma incorpórea para que possamos limitar-nos a amar sua alma, nem tampouco é um corpo sem alma, para que possamos ocupar-nos somente de seu bem-estar físico, nem tampouco um corpo com alma isolado da sociedade. Deus criou o homem, que é meu próximo, como um corpo com alma, integrado em uma comunidade. Portanto, se amamos a nosso próximo tal qual Deus o fez, inevitavelmente teremos de ocupar-nos de seu bem-estar total – o bem de sua alma, de seu corpo e de sua vida comunitária. No entanto, é esta visão do homem como ser social, tanto como psicossomático, que nos obriga a agregar a dimensão política à preocupação social. A atividade humanitária se ocupa das vítimas de uma sociedade enferma. Nós teríamos de ocupar-nos da medicina preventiva ou da saúde comunitária também, o que significa a busca de estruturas sociais melhores, nas quais a paz, a dignidade, a liberdade e a justiça estejam

asseguradas para todos os homens. Não há razão que nos impeça de, na perseguição desta tarefa, unir forças com todos os homens de boa vontade, ainda que se dê o caso de que não sejam cristãos.

Essa dimensão ampla sobre quem é o meu próximo abrange a promoção da dignidade humana, bem como o cuidado com o ecossistema no qual os seres humanos vivem.

6.4 Preservação do ecossistema

É importante que os seguidores das religiões se perguntem acerca da coerência de sua fé. Se a maioria da população mundial crê que o mundo foi criado pela divindade, por que fazem tão pouco para preservar a criação?

Na concepção cristã, o sofrimento do ecossistema é decorrente da submissão do ser humano à prática do mal. A corrupção humana afeta toda a natureza.

Vale a pena recordarmos que o apóstolo Paulo, em sua carta aos Romanos, 8: 19-23, fala dos gemidos da criação, o que comprova que a esperança cristã não se restringe ao ser humano, mas abrange todo o ecossistema. Ele esperava que uma transformação se manifestasse por meio da vinda do reino de Deus. O mesmo capítulo do livro de Romanos nos fala sobre essa sensibilidade necessária da parte dos cristãos.

Tal esperança é derivada da promessa, contida no Antigo Testamento (o livro sagrado do judaísmo), de que viriam "novos céus e nova terra" (Bíblia. Isaías, 2009, 65: 17). Para Paulo, assim como para o judaísmo, "não se pode separar a história da criação do destino do homem. A criação tem nele o seu sentido. A história do homem com Deus é a história de toda a criação" (Schelkle, 1975, p. 155-157, tradução nossa). O pecado do primeiro homem, Adão, trouxe efeitos sobre toda a criação, e a redenção do homem, por meio do segundo Adão (que é Cristo), terá efeitos sobre toda a criação (Schelkle, 1975).

O livro de Romanos, 8: 20, nos diz que a criação foi sujeita à vaidade ou à frustração, não por sua própria vontade, mas por Deus, por causa do pecado dos seres humanos (Bíblia. Gênesis, 2009, 3), que leva a criação a sofrer. No entanto, ainda persiste a esperança de que, finalmente, com a plenitude dos filhos de Deus, o homem será libertado da corrupção e da morte, que ainda o mantêm escravizado – essa seria a causa por que, até agora, a criação geme e sofre as dores de parto.

A esse respeito, cabe bem a palavra de Escobar (1979, p. 305, tradução nossa):

> Seremos nós capazes de sentir o gemido da criação? Paulo havia sido sensibilizado por Jesus Cristo para poder escutar as vozes com que a criação toda gemia. Era o gemido dos irmãos que passavam fome na Judeia e que ele recordava continuamente, era o gemido dos torturados como ele mesmo na prisão, era o gemido das mulheres exploradas como aquela que ele libertou em Filipos, era o gemido ante a intolerância dos líderes religiosos judaizantes, ou a incompreensão de seus próprios irmãos. Todo mundo anelava alcançar a plenitude, a justiça, a verdadeira alegria, gemendo à espera desse dia final, desse encontro com Cristo que o próprio Paulo anelava.
>
> Temos aprendido a gemer? Tem-nos sensibilizado Cristo ao ponto que podemos contemplar o mal com horror e compaixão, com espírito libertador, compaixão de realizações em nome do Rei que virá? O coração do evangelista é um coração que geme também com a criação. Não é a atitude de um proclamador triunfalista que se limita a gritar ao mundo a falsidade de suas utopias. É o gemido da compaixão, da simpatia, não a partir de uma distância protetora, senão de uma proximidade encarnada. Tampouco é a atitude

do comerciante que vê na fome espiritual uma oportunidade de fazer negócio e engrandecer sua tenda. Não! É, para começar, a compaixão que escuta o gemido do mundo.

O gemido da criação também há de nos alertar para os graves problemas ecológicos a que estamos sujeitos e que têm se agravado cada vez mais:

- Como nós, cristãos, reagimos a notícias sobre a contaminação dos rios a nossa volta?
- Que atitudes os industriais cristãos tomam em suas firmas? O pior é que os chamados *evangélicos*, muitas vezes, são os menos interessados no futuro da natureza e também na situação atual do meio ambiente.

Schaeffer (1976, p. 74) escreveu que "os cristãos que creem na Bíblia não são chamados simplesmente a dizer que 'um dia' haverá uma restauração completa, mas que pela graça de Deus, sobre o fundamento da obra de Cristo, uma restauração verdadeira pode ser uma realidade aqui e agora". Juntamo-nos a esse autor quando ele diz que "a encarnação de Cristo nos ensina que o corpo do homem e a natureza não devem ser considerados como coisas de pouco valor" (Schaeffer, 1976, p. 66).

Causas do desmatamento no Brasil

Em 1984, a previsão era de que o desmatamento intensivo existente em Rondônia, no Mato Grosso e no Acre produziria o desaparecimento de florestas nesses estados em 1990, 1989 e 1993, respectivamente. Esse desmatamento era causado por decisões governamentais equivocadas, como:

- a substituição dos colonos originais por outros novos, que continuavam o intenso desmatamento iniciado pelos primeiros;
- a especulação imobiliária;
- o descuido com a legislação;

- os incentivos fiscais;
- a concentração da posse de terras;
- o imediatismo dos lucros;
- os projetos hidrelétricos;
- a falta de recursos para fiscalizar o cumprimento do Código Florestal (Fearnside, 1984, p. 46-52).

Qual é o cartão de visitas difundido pelos membros das religiões nas áreas em que há ainda algo do ecossistema original de nosso país? O que podemos fazer diante de tais gemidos da criação?

Cremos que devemos ouvir, com atenção, a exortação que nos alerta que, quando um grupo religioso

> reflete passivamente sobre as divisões, o classismo, os prejuízos, o racismo, o autoritarismo, o machismo, o poder do dinheiro e o abuso do poder que ocorrem na sociedade, ainda que proclame que "Cristo é a única esperança", não representa nenhum sinal visível de esperança. Não há realidade que respalde a grandeza da mensagem verbal. (Escobar, 1979, p. 314, tradução nossa)

PRESTE ATENÇÃO!

Classismo ou *ser classista* refere-se à inclinação a valorizar certas classes sociais (Houaiss; Villar, 2001, p. 737).

De acordo com Escobar (1979, p. 313, tradução nossa), as religiões têm a certeza de que:

> a terra e essa humanidade cheias de injustiça não são a realidade última, que os sistemas humanos desumanizantes, corruptos e alienantes não são a palavra final. Deus está preparando uma realidade diferente. Nem a melhor tecnologia, nem a utopia social mais avançada podem dar-nos uma ideia das dimensões da justiça de Deus às quais faz referência a mensagem bíblica.

Certamente, é uma grande anomalia uma religião que não valorize a preservação do ecossistema. É traço característico das doutrinas a busca da paz. Isso precisa se transformar em impulso que conduza a uma prática política mundial com vistas à construção da paz em todos os níveis.

Em geral, as religiões mundiais defendem uma integração entre as práticas religiosas e a vida humana no ecossistema. Fomentam uma vida harmoniosa nas relações interpessoais e dos seres humanos para com o universo, entendido como *criação divina*.

6.5 Promoção do intercâmbio teológico

O diálogo inter-religioso e o intercâmbio de experiências e espiritualidade são uma realidade que se impõe com força crescente no mundo pós-moderno, algo jamais vivenciado em qualquer outra época da história.

As grandes religiões, incluindo o cristianismo, sentem a urgência de enriquecer sua vivência espiritual com a contribuição das demais. Até uma determinada época, esse enriquecimento foi acontecendo em grau inconsciente, já que as religiões sempre foram ecumênicas, quer quisessem, quer não; elas sempre influenciaram umas às outras, não apenas quanto aos dogmas e às doutrinas, mas também no que se refere à espiritualidade.

Portanto, o diálogo não parte de uma ideologia da reta doutrina, em que cada uma considera sua posição teológica verdadeira e as demais, falsas.

O cristianismo promove o diálogo porque acredita que os diferentes se enriquecem, razão por que temos de valorizar uma cultura aberta à diversidade. Sabemos que podemos aceitar as diferenças sem abandonar as convicções centrais, mas com consciência daquilo que é favorável à vida em plenitude. O diálogo deve nos conduzir a expressar mais convincentemente o mandamento do amor.

Certamente, a tolerância é um caminho mais difícil de ser transitado do que o da exclusão. O amor não aceita a exclusão, pois busca o diálogo positivo também como intercâmbio teológico.

> Sem transgredir as individualidades, o amor se torna discernível ao voltar-se para o outro na busca de verdades ainda não reveladas, porém necessárias a uma vida de sentido. A fé sustentada sobre o diálogo e o respeito à pluralidade, longe de sobressaírem às crenças, contemplam a certeza do amor, que permite a reciprocidade: o Melhor nos escolhe ao mesmo tempo em que o escolhemos como Melhor. A fé parte do amor, caminha pelas vias da inteligência e da vontade e volta ao seu princípio [...]. A verdade do amor se coloca às religiões e pode ser lida, interpretada e vivida segundo a qualidade essencial a cada credo; o contrário serve para justificar iniquidades. A ética das religiões aponta o amor como uma virtude, pela qual a salvação se encarna e se revela, e, sob esse critério, todos serão julgados. O amor, fonte da fé religiosa, comunica-se na liturgia, nas orientações dos Textos Sagrados e nas missões, para que a vida seja transformada e difundida.
>
> Uma reflexão sobre a pluralidade, os paradigmas teológicos, o diálogo, a Escritura e o amor, deve interessar às religiões, pois diz respeito à tensão: desejo humano e salvação divina. Apesar das dificuldades encontradas no termo *religião*, é preciso repensá-lo em uma perspectiva transdisciplinar [...]. (Souza, J. N., 2015, p. 19).

6.6 Conhecimento das experiências religiosas

O desenvolvimento das pesquisas antropológicas e sociológicas indica a importância dos fenômenos religiosos para o mundo atual; é por meio deles que os seres humanos encontram sentido para a vida.

E o que é necessário para dialogar sobre tais experiências? Certamente, isso tem a ver com a identidade existencial do homem e com o conteúdo ou a essência da sua vida.

Há semelhanças entre as religiões, e gostaríamos de mencionar pelo menos três delas:

1. As religiões desempenham um papel na vida social e política de todos.
2. As religiões são importantes para o desenvolvimento pessoal.
3. As religiões respondem a perguntas existenciais e conferem significado à existência humana.

Para entendermos o fenômeno religioso e o conhecimento das múltiplas experiências nessa área, devemos conhecer os conceitos interpretativos do fenômeno religioso.

Vamos começar por **Edward Burnett Taylor** (1832-1917), que chamou as religiões primitivas de *animismo*, conceito que abrange uma visão evolucionista das religiões. O desenvolvimento religioso, segundo ele, dá-se do politeísmo ao monoteísmo. Nessa conjuntura, o animismo é a religião da Idade da Pedra, e a sua visão pressupõe uma hierarquia na interpretação das religiões (Serafim, 2013).

Outra forte influência foi a de **Ludwig Feuerbach** (1804-1872), crítico da religião que influenciou Karl Marx. Feuerbach defendia que os deuses e, consequentemente, o culto a eles foram criados à imagem e semelhança dos seres humanos. O crítico considerava que, à medida que o ser humano se cumpre, ou seja, redescobre sua origem perdida, é restaurado e se liberta de Deus (ou deuses) e que as religiões só revelam as carências do ser humano. Essa crítica de Feuerbach deu sustentação aos sistemas de interpretação ateísta da religião.

Esse autor entende que as religiões representam a peregrinação do ser humano em busca do outro, que nada mais faz do que levá-lo de volta a si mesmo, já que ele não pode ir além da sua própria essência. Deus ocupa o lugar do sensível a que se havia renunciado (reprimido). O homem afirma em Deus o que nega em si mesmo. Assim, Deus é a objetivação da sua própria essência. Podemos satirizar Feuerbach dizendo que nele Deus é descrito como o vampiro do ser humano. Para ele, a força de Deus estaria, portanto, se nutrindo de nossa debilidade (Feuerbach, 2007, p. 44-88).

Karl Marx (1818-1883) assumiu a visão de Feuerbach, defendendo que o Estado e a sociedade real produzem a religião, que é a consciência invertida do mundo. Como a religião é a teoria invertida deste mundo, a luta contra a religião é a luta contra este mundo. A miséria religiosa é expressão da miséria real em um sentido e o protesto contra a miséria real em outro. Para Marx (2005, p. 146-147), a religião é o suspiro da criatura oprimida, o sentimento de um mundo sem coração, o espírito de situações em que o espírito está ausente; ela é o ópio do povo.

Mais tarde, **Friedrich Nietzsche** (1844-1900) levou ao extremo as suas crises e frustrações, bem como as escolhas pessoais no campo religioso, pois apostou na aparição de um homem novo, que viveria emancipado de Deus, declarando que Deus, na verdade, está morto! Para ele, o Evangelho morreu na cruz (Nietzsche, 2002, p. 86). Então, ele diagnosticou que o cristianismo se tinha refugiado no mito da salvação da alma, pois não conseguia possuir sequer o corpo (Nietzsche, 2002, p. 98). Segundo Nietzsche (2002), isso era assim porque o cristianismo odeia tudo que é humano e material. O cristão tem medo da felicidade e da beleza, por isso, é hostil à vida. São os vencidos da vida que inventaram o além. O cristão tem ódio instintivo da realidade (Nietzsche, 2002, p. 67).

Com a crença de que a ânsia pelo poder estivesse por detrás do surgimento da fé cristã, Nietzsche advogou que o Deus cristão é uma projeção que objetiva a vontade de potência como vontade do nada. O cristão, então, é doente (Nietzsche, 2002, p. 121).

Outros críticos defendem que a religião é uma resposta metafórica às seguintes questões fundamentais:

- De onde viemos?
- Por que vivemos e morremos?
- Como foi que o mundo passou a existir?
- Quais são as forças que controlam o nosso desenvolvimento?

Desse modo, a religião é descrita como uma tentativa de explicação geral da existência, na qual se vê também o exercício humano da saudade primitiva do seu estado anterior à queda em pecado, quando usufruía uma imagem e semelhança divina. A religião é vista, então, como fruto da sinergia entre o ser humano e a divindade.

> **PRESTE ATENÇÃO!**
> *Sinergia* é a ação de cooperação (Houaiss; Villar, 2001, p. 2579).

Para alguns especialistas, a religião é fruto da imaginação porque é fruto do desejo! Com base nesse raciocínio, podemos defender que a ciência e a tecnologia são fruto da imaginação também.

Ao mesmo tempo, precisamos considerar que, se a história comprova a longevidade da religião, esta não pode ser apenas fruto da imaginação das pessoas; ela é realidade na história humana. Ela é traço essencial da humanidade. As religiões são muitas e diferentes, mas têm traços em comum.

Por fim, podemos dizer que algumas perguntas básicas devem nos acompanhar no constante aprofundamento desse tema, quais sejam:

- O ser humano está naturalmente aberto ao sagrado? Ou o sagrado penetra no homem e o modifica?
- Há no homem algum elemento mais sagrado que outros?
- Existem formas distintas de relação entre alma e corpo?
- A origem do homem é mais sagrada que a do resto da criação?

Esses são elementos presentes na interpretação dos fenômenos religiosos. Contudo, a reflexão central que nos acompanha no debate sobre o diálogo inter-religioso sob a ótica cristã é a da relação existente entre o ser humano e o sagrado.

Síntese

Neste capítulo, vimos que o diálogo faz com que as religiões se voltem para fora delas próprias, sem pretender a renúncia da doutrina ou a destruição da identidade. Além disso, promove a sensibilidade para com os que convivem conosco, a qual é importantíssima para mantermos a sensibilidade para com Deus.

Analisamos também a visão de Küng sobre o diálogo. Segundo esse autor, "não haverá paz entre as nações sem paz entre as religiões. Não haverá paz entre as religiões sem diálogo entre as religiões. Não haverá diálogo entre as religiões sem critérios éticos globais. Nosso planeta não poderá sobreviver sem uma ética global, assumida conjuntamente por crentes e não crentes" (Küng, 2007, p. 732).

Tratamos o diálogo como essencial para a busca da paz e vimos que o desrespeito para com a liberdade dos demais gera amargura. Assim, entender a lógica expressa na explicação religiosa da existência articulada pelo outro é essencial para a paz.

Verificamos que a busca pela paz não pode significar o sacrifício da justiça e que o pacifismo não deve legitimar o crime. Esperamos das pessoas religiosas uma postura ética consistente, pois as religiões devem ser defensoras da justiça social.

Consideramos como o aspecto religioso se constitui em elemento gerador de uma cultura de solidariedade e produtor de coesão social, aspecto mais produtivo do que promover o choque entre culturas e civilizações, pois, por meio do diálogo, as religiões passam a colaborar para a superação de problemas sociais. Nesse contexto, uma visão que respeite o ser humano integral é importantíssima.

O diálogo leva as religiões a articularem, de forma unida, a preservação da criação, e o amor ao próximo abrange também o cuidado para com o ecossistema. Certamente, é uma grande anomalia uma religião que não valorize a preservação do ecossistema. A história do ser humano com Deus é a história de toda a criação.

Destacamos ainda que o diálogo inter-religioso significa intercâmbio teológico, de experiências e de espiritualidade, bem como que o cristianismo promove o diálogo porque acredita que os diferentes se enriquecem, pois o amor busca o diálogo positivo também por meio do intercâmbio teológico.

Por último, salientamos que o diálogo inter-religioso não parte de uma visão hierárquica entre as religiões, pelo contrário, valoriza o conhecimento das experiências religiosas, já que existem semelhanças entre as religiões. Todas são importantes no desenvolvimento pessoal e desempenham um papel na vida social e política do ser humano, além de tentarem interpretar a existência e responderem a perguntas existenciais.

ATIVIDADES DE AUTOAVALIAÇÃO

1. Podemos afirmar que, atualmente, procura-se dialogar com outras religiões a fim de partilhar opiniões e experiências, descobrindo os desafios que sejam comuns às várias religiões, além de promover a paz e a harmonia entre os povos. Com isso:
    A] o diálogo entre as religiões faz com que elas se distanciem para fora de si mesmas.

B] a promoção da paz e da harmonia almeja a solidariedade nas grandes causas humanas, de preservação do ecossistema e de superação de conflitos.
C] o diálogo inter-religioso implica a renúncia à doutrina teológica ou a destruição de identidade de alguma igreja específica ou religião.
D] o diálogo reconhece o pluralismo, cujo alvo é destacar os conflitos.
E] o diálogo é a forma de as religiões resistirem ao ateísmo.

2. Assinale a alternativa que traz uma estratégia para a busca da paz:
   A] Deve haver diálogo entre as religiões sem critérios éticos globais.
   B] Ao dialogar, devemos ser capazes de expressar o pensamento e ouvir o pensamento do outro, e não apenas ouvir, mas reconhecer o direito que o outro tem de pensar de forma diferente.
   C] Não devemos dar espaço para a intolerância e a inclusão no contexto em que existe sensibilidade religiosa.
   D] Devemos considerar que a religião é um fator inexistente na natureza humana.
   E] As religiões devem sempre apoiar as posições defendidas pelo governo, porque ele foi escolhido por Deus.

3. Das pessoas que seguem uma religião, espera-se que tenham uma postura:
   A] interesseira.
   B] possessiva.
   C] de autoprojeção.
   D] ética.
   E] egoísta.

4. Em geral, as religiões mundiais defendem uma integração entre as práticas religiosas e a vida humana no ecossistema. As religiões promovem uma vida harmoniosa nas relações interpessoais e dos seres humanos com o universo, este entendido como uma criação divina. Sob a perspectiva cristã, qual é o apóstolo que, na carta que escreveu aos Romanos, fala dos gemidos da criação?
   A] Pedro.
   B] Paulo.
   C] João.
   D] Mateus.
   E] Marcos.

5. Marque com (V) as assertivas verdadeiras e com (F) as falsas.
   [ ] Na concepção cristã, os sofrimentos do ecossistema são decorrentes da sujeição do ser humano à prática do mal. A corrupção humana afeta toda a natureza. O apóstolo Paulo escreveu que chegava a ouvir os gemidos da criação.
   [ ] As religiões fomentam uma vida harmoniosa nos relacionamentos interpessoais e para com o ecossistema.
   [ ] As grandes religiões, incluindo o cristianismo, sentem a urgência de enriquecer sua vivência espiritual com a contribuição das demais.
   [ ] Uma ordem mundial que siga um caminho ético jamais andará junto com a paz entre as religiões e o diálogo inter-religioso.
   [ ] O diálogo deve nos conduzir a expressarmos, mais convincentemente, o mandamento do amor.

   Agora, assinale a alternativa que apresenta a sequência correta:
   A] V, V, V, F, V.
   B] F, F, F, V, V.

c] F, V, V, V, V.
d] V, V, V, V, F.
e] F, F, F, F, V.

Atividades de aprendizagem

Questões para reflexão

1. Ao tratarmos da busca da paz, percebemos que, após um momento de diálogo, as pessoas não precisam sair todas pensando de forma igual. O fundamental é que elas compreendam os próprios pensamentos e, da mesma forma, entendam e acolham os pensamentos dos outros. Podemos dizer que o cidadão contemporâneo está em busca de paz. Quais foram as últimas pessoas a receberem o prêmio Nobel da Paz?
2. O diálogo inter-religioso não almeja a renúncia à doutrina teológica ou a destruição da identidade de alguma Igreja ou religião específica. O diálogo reconhece o pluralismo, e o alvo dele não é acentuar os conflitos. Ainda existe diálogo inter-religioso? Quais as mudanças que ele tem proporcionado à sociedade?

Atividade aplicada: prática

1. Pessoas de diferentes tradições religiosas acreditam, ritualizam, enfim, vivenciam a religião de maneiras diferenciadas.
   a] Como essas pessoas podem conversar e dialogar para construir um mundo pacífico?
   b] O que significa, para você, *construir a paz*?
   c] A religião é uma resposta metafórica às questões fundamentais: De onde viemos? Para que vivemos e morremos? Como foi que o mundo passou a existir? Quais são as forças que controlam o seu desenvolvimento?

   Você concorda com essa afirmativa?

CONSIDERAÇÕES FINAIS

Percorremos um longo caminho nesta abordagem do diálogo inter-religioso sob a ótica cristã.

Sabemos que a maioria das pessoas tem uma crença religiosa e que esta faz parte da identidade existencial dos seres humanos. Logo, somente o caminho da tolerância, da legitimação do outro e da boa-vontade de entender esse outro abre portas para a superação de conflitos e a construção da paz entre os seres humanos e as nações. O diálogo honesto e o respeito significam a superação da arrogância.

Vimos que o diálogo inter-religioso gera a valorização do caráter existencial, a consciência da totalidade e a sensibilidade humana. Abre portas para a superação de problemas sociais, para a busca pela sustentabilidade e para a valorização do ecossistema.

O diálogo exige empatia e respeito pelo outro, pressupõe troca de experiências e conciliações e abrange o sonho de um mundo harmônico.

A Bíblia mostra o interesse de Deus em dialogar. O cristianismo fala da aliança com Deus como resultado da prática espiritual, e não por genética ou por hereditariedade. Neste livro, chamou-nos a atenção a prática de Melquisedeque, o qual foi o abençoador de Abraão em vez de Arão. Melquisedeque é vinculado à revelação geral de Deus à humanidade, e Abraão representa a revelação especial de Deus.

Na Grécia, a razão foi entendida como essência divina. Justino de Roma passou a compreender essa razão universal como semente do verbo divino em toda a história do pensamento humano. Cristo seria, portanto, semente do verbo divino presente em todos seres humanos e religiões.

Outro fato que merece destaque é o de que, somente em 1537 (45 anos após a chegada de Colombo à América Latina), os indígenas foram reconhecidos dignos e possuidores de alma por parte do Papa.

Tratamos, ainda, do diálogo inter-religioso segundo Las Casas, Ziegenbalg, Carey e outros. Para eles, este foi o meio de promover o bem entre os seres humanos. Judson, por exemplo, identificou-se com a cultura e os costumes do povo da Birmânia e, por isso, estudou a língua e as religiões do local, aprendendo a respeitar e a debater com as pessoas de outras posições religiosas.

Vimos que o diálogo não almeja renúncia à doutrina ou destruição da identidade, nem acentuação dos conflitos com aquele que é diferente, mas, sim, que devemos dialogar para buscar a paz e promover as pautas éticas com vistas à melhoria da sociedade. Desse modo, o diálogo deve acontecer com as religiões monoteístas e politeístas. Em todos os casos, a fé colabora com a promoção da vida, e a relação entre as religiões deve fortalecer a tolerância e a unidade.

No próprio cristianismo, há vários posicionamentos doutrinários, o que mostra a necessidade do diálogo. Muito antes de dialogar com as outras religiões, o cristianismo tem de alimentar o diálogo internamente.

Segundo nossa leitura, existem meios de dialogar com outras religiões monoteístas e outras formas de diálogo com as religiões politeístas. O hinduísmo, por exemplo, apresenta seu panteão de 330 milhões de divindades. Talvez Jesus e Krishna sejam mediações para o cristão e o hindu descobrirem o mistério da divindade. Os seguidores do hinduísmo têm aplicado as ideias budistas à pessoa de Jesus, procurando uma certa harmonia entre as Escrituras cristã e hindu. Portanto, as visões sobre Jesus desenvolvidas pelos hinduístas podem servir como ponto de partida para o diálogo inter-religioso.

Para compreendermos as religiões, portanto, devemos nos despir de preconceitos e procurar entender o contexto cultural, bem como perceber o significado das cerimônias e dos gestos, ocidentais, orientais ou africanos, já que as religiões desvendam a memória e a identidade dos povos.

Vimos que as religiões que se proliferaram no Brasil foram adquirindo características distintas conforme a região em que foram criando raízes. Os mais variados grupos culturais procuraram sobreviver com a construção de espaços para recriar sua cultura e sua visão de mundo, adaptando-se à cultura e ao contexto brasileiro. Nestas terras, também se expandiu o espiritismo kardecista, que defende a visão de que a parte moral é o terreno para a reunificação das religiões. Nesse contexto, Jesus é visto como caminho para se chegar ao kardecismo, e este passou a se entender como restauração da religião de Cristo.

Por fim, podemos ressaltar, mais uma vez, que o diálogo inter-religioso visa à promoção da paz e da harmonia, bem como ao término da corrupção. A paz entre as religiões é um fundamento importante para a paz social – e a construção da paz necessita do diálogo inter-religioso. Os promotores da paz, via de regra, são pessoas que creem no divino.

A cultura da solidariedade encontra solo fértil onde há perdão e reconciliação. A renovação espiritual afeta a reflexão sobre os ideais e as posturas éticas dos cidadãos de um país. Assim, os aspectos mais importantes para a vida e a preservação da humanidade se relacionam à dimensão ética.

A falta de democracia, a pobreza, a miséria e o analfabetismo precisam ser superados, e esta é uma agenda que precisa ser apoiada pelas religiões em diálogo. Afinal, a história do ser humano com Deus é a história de toda a criação. O diálogo inter-religioso é urgente e gerador de grandes benefícios para toda a humanidade.

REFERÊNCIAS

ABBAGNANO, N. **Dicionário de filosofia**. Tradução de Alfredo Bosi. 2. ed. São Paulo: Mestre Jou, 1982.

ACQUAVIVA, M. C. **Lendas e tradições das Américas**: arqueologia, etnologia e folclore dos povos latino-americanos. São Paulo: Hemus, 1988.

ALEXANDRÍA, C. de. **Stromata I**: cultura y religión. Madrid: Ciudad Nueva, 1996. (Fuentes Patrísticas, 7).

AMBALU, S. et al. **O livro das religiões**. Tradução de Bruno Alexander. São Paulo: Globo, 2014.

AMIRPUR, K. Die Voraussetzungenfür das Gespräch und Hemmnisse des Dialogs zwischen Christen und Muslimen aus muslimischer Perspektive. In: ROHE, M. et al. (Ed.). **Christentum und Islam in Deutschland**: Grundlagen, Perspektiven und Erfahrungen des Zusammenlebens. Freiburg: Herder, 2015. p. 448-470.

ANCHIETA, J. de. **Cartas**: informações, fragmentos históricos e sermões. Belo Horizonte: Itatiaia; São Paulo: Edusp, 1988.

ARMSTRONG, K. **Em defesa de Deus**. Tradução de Hildegard Feist. São Paulo: Companhia das Letras, 2011.

_____. **Uma história de Deus**. Tradução de Marcos Santarrita. São Paulo: Companhia das Letras, 2008.

BACCARIN, M. O "Fator Melquisedeque" seria o final do radicalismo? **Blog do Mauricio Baccarin**, 2 abr. 2008. Disponível em: <https://mauriciobaccarin.wordpress.com/2008/04/02/o-fator-melquisedeque-seria-o-final-do-radicalismo/>. Acesso em: 22 jun. 2019.

BAGGIO, F. Las religiones en África. In: BAGGIO, F.; PARISE, P.; SANCHEZ, W. L. (Org.). **Diásporas africanas e processos sociorreligiosos**. São Paulo: Paulus, 2017. p. 39-65.

BAGGIO, F.; PARISE, P.; SANCHEZ, W. L. (Org.). **Diásporas africanas e processos sociorreligiosos**. São Paulo: Paulus, 2017.

BASTIDE, R. **O candomblé da Bahia**: rito nagô. Tradução de Maria Isaura Pereira de Queiroz. São Paulo: Companhia das Letras, 2001.

BAUER, W. **A Greek-English Lexicon of the New Testament and other Early Christian Literature**. 2. ed. Chicago/London: University of Chicago Press, 1979.

BEYERHAUS, P. Dialogo. In: BURKHARDT, H.; SWARAT, U. (Ed.). **Evangelisches Lexikon für Theologie und Gemeinde**. Wuppertal/Zurique: Brockhaus, 1992. p. 437-439. v. 1.

BÍBLIA Sagrada. Tradução de João Ferreira de Almeida. Revista e atualizada no Brasil. 2. ed. Barueri: Sociedade Bíblica do Brasil, 2009.

BORAU, J. L. V. **As religiões tradicionais**: Animismo, Hinduísmo, Budismo, Tauismo... São Paulo: Paulus, 2008.

BRITO, Ê. J. da C. Diásporas e religiões africanas. In: BAGGIO, F.; PARISE, P.; SANCHEZ, W. L. (Org.). **Diásporas africanas e processos sociorreligiosos**. São Paulo: Paulus, 2017. p. 13-37.

BUENO, E. Apresentação. In: LAS CASAS, B. de. **Brevíssima relação da destruição das Índias**: o paraíso destruído. Tradução de Heraldo Barbuy. 2. ed. Porto Alegre: L&PM, 1984. (Coleção História/Série Visão dos Vencidos).

BURKHARDT, H. Synkretismus. In: BURKHARDT, H.; SWARAT, U. (Ed.). **EvangelischesLexikonfürTheologie und Gemeinde**. Wuppertal/Zurique: Brockhaus, 1994. p. 1950s. v. 3.

CANEVACCI, M. **Sincretismos**: uma exploração das hibridações culturais. Tradução de R. Barni. São Paulo: Studio Nobel, 1996.

COHN, N. **Cosmos, caos e o mundo que virá**: as origens das crenças no Apocalipse. Tradução de Cláudio Marcondes. São Paulo: Companhia das Letras, 1996.

COMISSÃO DE LAUSANNE. **O Evangelho e a cultura**: relatório da reunião de consulta realizada em Willowbank, Somerset Bridge, Bermudas, entre 6 e 13 de janeiro de 1978. Tradução de José Gabriel Said. São Paulo/Belo Horizonte: ABU; Visão Mundial, 1983. (Série Lausanne).

DEMETRIAN, S. **El Mahabharata**: contado según la tradición oral por Serge Demetrian. Salamanca: Sígueme, 2010. (El peso de los días, 75).

_____. **El Ramayana**: contado según la tradición oral por Serge Demetrian. Salamanca: Sígueme, 2012. (El peso de los días, 76).

DUSSEL, E. D. **Desintegración de la cristiandad colonial y liberación**: perspectiva latinoamericana. Salamanca: Sígueme, 1978.

EBEL, E. Das Leben des Paulus. In: WISCHMEYER, O. (Ed.). **Paulus**: Leben, Umwelt, Werk, Briefe. 2. ed. Tübingen/Basel: FrankeVerlag, 2012. p. 105-118.

ELLER, J. D. **Introdução à antropologia da religião**. Petrópolis: Vozes, 2018.

ELOWSKY, J. C. (Ed.). **Evangelio según San Juan (1-10)**. Madrid: Ciudad Nueva, 2012.

ESCOBAR, S. Espírito y mensage de Clade II. In: AMÉRICA Latina y La evangelización en los años 80: CLADE II. Buenos Aires: FTL, 1979. p. 305-320.

EVOLUCIONISMO SOCIAL. In: **Significados**. 2018. Disponível em: <https://www.significados.com.br/evolucionismo-social/>. Acesso em: 22 jun. 2019.

FEARNSIDE, P. M. A floresta vai acabar? **Ciência Hoje**, São Paulo, v. 2, n. 10, p. 43-52, 1984.

FERGUSON, E. **História da Igreja**: de Cristo à Pré-Reforma. Tradução de Elias Silva et al. Rio de Janeiro: Central Gospel, 2017. v. 1.

FERGUSON, N. **Civilização**: Ocidente x Oriente. Tradução de Janaina Marcoantonio. 2. ed. São Paulo: Crítica, 2016.

FERNANDES, C. E. **A liturgia de hebreus**: uma análise de como as mudanças sociais influenciam as formas de culto. 151 f. Dissertação (Mestrado em Ciências da Religião) – Universidade Metodista de São Paulo, São Bernardo do Campo, 2006. Disponível em: <http://tede.metodista.br/jspui/bitstream/tede/571/1/Celso%20Eronides%20Fernandes.pdf>. Acesso em: 30 dez. 2019.

FERRETTI, S. F. **Repensando o sincretismo**: estudo sobre a Casa das Minas. São Paulo: Edusp; São Luiz: Fapema, 1995.

FEUERBACH, L. **A essência do cristianismo**. Tradução de José da Silva Brandão. Petrópolis: Vozes, 2007.

FITZER, G. Dialog. In: REICKE, B.; ROST, L. (Ed.). **Biblisch-historisches Handwörterbuch**. Göttingen: Vandenhoeck & Ruprecht, 1962.

FLUCK, M. R. **Protestantismo se reformando nos séculos XVII-XIX**: confessionalização, pietismo e reavivamentos. Curitiba: Cia. de Escritores, 2012a.

_____. **Teologia dos Pais da Igreja**. Curitiba: Cia. de Escritores, 2012b.

GLAD, C. E. Paulo e a adaptabilidade. In: SAMPLEY, J. P. (Org.). **Paulo no mundo greco-romano**: um compêndio. São Paulo: Paulus, 2008. p. 1-24.

GLASENAPP, H. V. Sikhismus. In: GALLING, K. (Ed.). **Die Religion in Geschichte und Gegenwart**. 3. ed. Tübingen: J.C.B. Mohr, 1986. p. 31-34. v. 6.

GLATZ, W. Sklaverei, Sklavenbefreiung. In: BURKHARDT, H.; SWARAT, U. (Ed.). **Evangelisches Lexikon für Theologie und Gemeinde**. Wuppertal/Zurique: Brockhaus, 1994. p. 1845-1848. v. 3.

GONZALEZ, J. L. **E até aos confins da Terra**: uma história ilustrada do cristianismo – a Era dos Conquistadores. Tradução de Itamír Neves de Souza. São Paulo: Vida Nova, 1983. v. 7.

GONZALEZ, J. **Hechos**. Miami: Editorial Caribe, 1992. (Comentario Biblico Hispanoamericano).

GOUCHER, C.; WALTON, L. **História mundial**: jornadas do passado ao presente. Tradução de AllTasks. Porto Alegre: Penso, 2011.

HAWKINS, J. **A história das religiões**. São Paulo: M. Books, 2018.

HEEN, E. M.; KREY, P. D. W. **Hebreos**. Madrid: Ciudad Nueva, 2008. (La Biblia Comentada por los Padres de la Iglesia, Nuevo Testamento, 10).

HEINRICHS, J. Dialogik I. In: KRAUSE, G.; MÜLLER, G. (Ed.). **Theologische Realenzyklopädie**. Berlin/New York: Walter de Gruyter, 1981. p. 697-703. v. 8.

HELLHOLM, D. Apokalypse. In: BETZ, H. D. et al. (Ed.). **Die Religion in Geschichte und Gegenwart**. 4. ed. Tübingen: J.C.B. Mohr, 1998. p. 585-588. v. 1.

HEYER, C. J. den. **Paulo**: um homem de dois mundos. São Paulo: Paulus, 2009.

HINDUÍSMO védico e hinduísmo bramânico. **Hinduísmo, a religião que domina a Índia**, 31 maio 2012. Disponível em: <http://belongto hinduism.wordpress.com/2012/05/31/hinduismo-vedico-e-hinduismo-bramanico/>. Acesso em: 22 jun. 2019.

HINDUISMUS. **Laenderdaten.info**. Disponível em: <https://www.laender daten.info/religionen/hinduismus.php>. Acesso em 30 set. 2019.

HOCK, R. F. Paulo e a educação greco-romana. In: SAMPLEY, J. P. (Org.). **Paulo no mundo greco-romano**: um compêndio. São Paulo: Paulus, 2008. p. 171-196.

HORSTMANN, M. Sikh-Religion. In: MÜLLER, G. (Ed.). **Theologische Realenzyklopädie**. Berlin/New York: Walter de Gruyter, 2000. p. 263-266. v. 31.

HOUAISS, A.; VILLAR, M. de S. **Dicionário Houaiss da língua portuguesa**. Rio de Janeiro: Objetiva, 2001.

JUST JR., A. A. **Evangelho según San Lucas**. Madrid: Ciudad Nueva, 2006. (La Biblia Comentada por los Padres de la Iglesia, Nuevo Testamento, 3).

JUSTINO, Mártir. **Santo Justino de Roma**. Tradução de Ivo Storniolo e Euclides M. Balancin. São Paulo: Paulus, 1995. (Coleção Patrística).

KARDEC, A. **O evangelho segundo o espiritismo**. Tradução de Guillon Ribeiro. 39. ed. Rio de Janeiro: FEB, 1950a.

_____. **O livro dos espíritos**. Tradução de Guillon Ribeiro. 22. ed. Rio de Janeiro: FEB, 1950b.

KLOPPENBURG, B. **O espiritismo no Brasil**: orientação para os católicos. Petrópolis: Vozes, 1960.

KÜNG, H. **El Islam**: historia, presente, futuro. 2. ed. Madrid: Trotta, 2007.

_____. **El judaísmo**: pasado, presente y futuro. 7. ed. Madrid: Trotta, 2013.

_____. **Religiões do mundo**: em busca dos pontos comuns. Tradução de Carlos Almeida. Campinas: Verus, 2004.

LARAIA, R. de B. As religiões indígenas: o caso tupi-guarani. **Revista USP**, São Paulo, n. 67, p. 6-13, set./nov. 2005. Disponível em: <http://www.revistas.usp.br/revusp/article/view/13451/15269>. Acesso em: 30 dez. 2019.

LAS CASAS, B. de. **Brevíssima relação da destruição das Índias**: o paraíso destruído. Tradução de Heraldo Barbuy. 2. ed. Porto Alegre: L&PM, 1984. (Coleção História/Série Visão dos Vencidos).

_____. **História de las Indias**. 2. ed. México: Fondo de Cultura Economica, 1986. v. 3.

LASSÈGUE, J. B. **La larga marcha de Las Casas**: selección y presentación de textos. Lima: CEP, 1974.

LATOURETTE, K. S. **History of the Expansion of Christianity**. Nova York: Harper & Brothers, 1941. v. 6.

LEITE, S. Introdução Geral. In: NÓBREGA, M. da. Cartas do Brasil e mais escritos (opera omnia). Coimbra: Universidade de Coimbra, 1955. (Acta Universitatis Coimbrigensis). p. 8-102.

LOHSE, B. **A fé cristã através dos tempos**. Tradução de Sílvio Schneider. 2. ed. São Leopoldo: Sinodal, 1981.

LOPES, N. **Enciclopédia brasileira da diáspora africana**. 4. ed. São Paulo: Selo Negro, 2011.

LUZ, M. A. **Cultura negra e ideologia de recalque**. Rio de Janeiro: Achiamé, 1983.

MACHADO, A. de A. Vida do padre Joseph de Anchieta. In: ANCHIETA, J. de. **Cartas**: informações, fragmentos históricos e sermões. Belo Horizonte: Itatiaia; São Paulo: Edusp, 1988. p. 543-562.

MACHADO, V.; PETROVICH, C. R. **Ilê Ifé, o sonho do Iaô Afonjá**: mitos afrobrasileiros. Salvador: Edufba, 2002.

MARTIN, F. **Hechos de los apóstoles**. Madrid: Ciudad Nueva, 2011. (La Biblia Comentada por los Padres de la Iglesia, Nuevo Testamento, 5).

MARX, K. **Crítica da filosofia do direito de Hegel**. Tradução de Rubens Enderle e Leonardo de Deus. São Paulo: Boitempo, 2005.

MATTOS, R. A. de. **História e cultura afro-brasileira**. 2. ed. São Paulo: Contexto, 2016.

MCKINION, S. A. **Isaías 1-39**. Madrid: Ciudad Nueva, 2007. (La Biblia Comentada por los Padres de la Iglesia, Antiguo Testamento, 12).

MIDDELBECK-VARWICK, A. Theologische Grundlagen des Dialogs aus christlicher Perspektive. In: ROHE, M. et al. (Ed.). **Christentum und Islam in Deutschland**: Grundlagen, Perspektiven und Erfahrungen des Zusammenlebens. Freiburg: Herder, 2015. p. 471-496.

MORESCHINI, C. **História da filosofia patrística**. São Paulo: Loyola, 2008.

MORESCHINI, C.; NORELLI, E. **História de la literatura Cristiana antigua griega y latina**. Tradução de Guillermo Martín Rodríguez. Madrid: BAC, 2006. v. 1: desde Pablo hasta la edad constantiniana.

MORITZEN, N.-P. Sikhismus. In: BURKHARDT, H.; SWARAT, U. (Ed.). **Evangelisches Lexikon für Theologie und Gemeinde.** Wuppertal/Zurique: Brockhaus, 1994a. p. 1838. v. 3.

_____. Zoroastrismus (Parsismus). In: BURKHARDT, H.; SWARAT, U. (Ed.). **Evangelisches Lexikon für Theologie und Gemeinde.** Wuppertal/Zurique: Brockhaus, 1994b. p. 2220s. v. 3.

MURPHY-O'CONNOR, J. **Paulo de Tarso**: história de um apóstolo. Tradução de Valdir Marques. São Paulo: Loyola, 2000.

NASCIMENTO, E. L. (Org.). **Sankofa**: matrizes africanas da cultura brasileira. Rio de Janeiro: Eduerj, 1996. v. 2: Cultura em movimento: Matrizes africanas e ativismo negro no Brasil.

NIETZSCHE, F. **O anticristo**. 2002. Disponível em: <http://www.ebooksbrasil.org/adobeebook/anticristo.pdf>. Acesso em: 22 jan. 2020.

NÓBREGA, M. da. **Cartas do Brasil e mais escritos (opera omnia).** Coimbra: Universidade de Coimbra, 1955. (Acta Universitatis Coimbrigensis).

NOUGUÉ, C. Apresentação. In: ALEXANDRIA, F. de. **Da criação do mundo e outros escritos.** Tradução de Luíza Monteiro Dutra. São Paulo: Filocalia, 2015. p. 9-55.

O'BRIEN, J.; PALMER, M. **O atlas das religiões**: o mapeamento completo de todas as crenças. Tradução de Mário Vilela. São Paulo: Publifolha, 2008.

O'LOUGHLIN, T. Der Orient und Europa in der Antike. In: SMART, N. (Ed.). **Atlas der Welt-Religionen.** Colônia: Könemann, 2000. p. 96-115.

PARANÁ. Secretaria de Estado da Educação. Superintendência da Educação. Diretoria de Políticas e Programas Educacionais. Coordenação de Desafios Educacionais Contemporâneos. **Educando para as relações étnico-raciais II.** Curitiba: SEED-PR, 2008. (Cadernos Temáticos dos Desafios Educacionais Contemporâneos, 5). Disponível em: <http://www.educadores.diaadia.pr.gov.br/arquivos/File/cadernos_tematicos/tematico_raciais.pdf>. Acesso em: 20 abr. 2019.

PEIXOTO, A. Introdução. In: ANCHIETA, J. de. **Cartas**: informações, fragmentos históricos e sermões. Belo Horizonte: Itatiaia; São Paulo: Edusp, 1988. p. 29-38.

PERRI, F. **O encanto dos orixás**: ensaios e poemas. Rio de Janeiro: Expressão e Cultura, 2002.

PRANDI, R. **Mitologia dos orixás**. São Paulo: Companhia das Letras, 2001.

_____. Recriações religiosas da África no Brasil. In: BAGGIO, F.; PARISE, P.; SANCHEZ, W. L. (Org.). **Diásporas africanas e processos sociorreligiosos**. São Paulo: Paulus, 2017. p. 67-93.

_____. **Segredos guardados**: orixás na alma brasileira. São Paulo: Companhia das Letras, 2005.

RAM MOHAN ROY. In: **Encyclopaedia Britannica**. Disponível em: <https://www.britannica.com/biography/Ram-Mohan-Roy>. Acesso em: 22 jun. 2019.

REALE, G.; ANTISERI, D. **História da filosofia**. 2. ed. São Paulo: Paulus, 2004. v. 1: Antiguidade e Idade Média.

REZENDE, A. (Org.). **Curso de filosofia**: para professores e alunos dos cursos do segundo grau e de graduação. 13. ed. Rio de Janeiro: Zahar, 2005.

RIBEIRO, D. **O povo brasileiro**: a formação e o sentido do Brasil. 3. ed. São Paulo: Global, 2015.

RICHARDSON, D. **O fator Melquisedeque**: o testemunho de Deus nas culturas através do mundo. Tradução de Neyd Siqueira. São Paulo: Vida Nova, 1986.

RITO, H. **Introdução à teologia**. 2. ed. Petrópolis, Vozes, 1999.

SAMUEL, A. **As religiões hoje**. São Paulo: Paulus, 1997.

SANTOS, E. C. dos. **A profecia**. São Paulo: Ogum Marê, 2011.

SANTOS, J. P. dos. A substância católica e o fator Melquisedeque. **Revista Eletrônica Correlatio (UMESP)**, São Bernardo do Campo, n. 10, p. 45-55, nov. 2006.

SCHAEFFER, F. A. **Poluição e a morte do homem**. Rio de Janeiro: Juerp, 1976.

SCHELKLE, K. H. **Teología del Nuevo Testamento**. Barcelona: Herder, 1975. v. 3.

SCHIRRMACHER, T. Gandhi, Mohandas Karamchand (1869-1948). In: BURKHARDT, H.; SWARAT, U. (Ed.). **Evangelisches Lexikon für Theologie und Gemeinde**. Wuppertal/Zurique: Brockhaus, 1993. p. 662-663. v. 2.

SCHLEIERMACHER, F. **Über die Religion**: Reden an die Gebildeten unter ihren Verächtern. Hamburgo: Felix Meiner, 1958.

SCHLÖGL, E. **Conformação simbólica das espacialidades arquetípicas femininas**: um estudo das comunidades Bahá'is de Curitiba e região – Paraná. 259 f. Tese (Doutorado em Geografia) – Universidade Federal do Paraná, Curitiba, 2012.

SCHMIDT-LEUKEL, P. Facetas da relação entre budismo e hinduísmo. **Rever – Revista de Estudos da Religião**, São Paulo, p. 149-156, set. 2007. Entrevista concedida a Frank Usarski. Disponível em: <https://www.pucsp.br/rever/rv3_2007/f_usarski2.pdf>. Acesso em: 28 dez. 2019.

SCHOEPS, H.-J. (Ed.). **Die Grossen Religionen der Welt**. Munique/Zurique: Droemersche Verlag, 1958.

_____. **Religionen**: Wesen und Geschichte. Gütersloh: Bertelsmann, 1961.

SCHRENK, G. Dialégomai, dialogídzomai, dialogismos. In: KITTEL, G.; FRIEDRICH, G. (Ed.). **Theologisches Wörterbuch zum Neuen Testament**. Stuttgart: Kohlhammer, 1935. p. 93-98. v. 2.

SEEBOLD, E. (Ed.). **Kluge**: Etymologisches Wörterbuch der deutschen Sprache. 25. ed. Berlin/Boston: De Gruyter, 2011.

SERAFIM, V. F. Edward Burnnet Tylor e a contribuição inglesa ao estudo das religiões. **Revista Brasileira de História das Religiões**, ano 6, n. 16, 2013. Disponível em: <http://www.periodicos.uem.br/ojs/index.php/RbhrAnpuh/article/view/23501/12689>. Acesso em: 15 jun. 2019.

SHERIDAN, M. **Génesis 12-50**. Madri: Ciudad Nueva, 2005. (La Biblia Comentada por los Padres de la Iglesia, Antiguo Testamento, 2).

SIQUISMO. In: **Britannica Escola**. Disponível em: <https://escola.britannica.com.br/artigo/siquismo/482503>. Acesso em: 22 jun. 2019.

SOUZA, J. N. de. **Cristianismo**: a religião do diálogo. São Paulo: Fonte, 2015.

SOUZA, M. **Amazônia indígena**. Rio de Janeiro: Record, 2015.

SPINELLI, M. **Helenização e recriação de sentidos**: a filosofia na época da expansão do cristianismo – séculos II, III e IV. Porto Alegre: EdiPUCRS, 2002.

STEWART, S. Zoroastrismus. In: **Atlas der Welt-Religionen**: Entstehung, Entwicklung, Glaubensinhalte. Gütersloh: Bertelsmann, 1993. p. 121-123.

STOTT, J. R. W. **La misión cristiana hoy**. Buenos Aires: Certeza, 1977.

STOTT, J. R. W.; MEEKING, B. (Ed.). **Dialogo sobre la mision**: informe sobre um diálogo entre evangélicos y católicorromanos (1977-1984). Buenos Aires/Grand Rapids: Nueva Creación, 1988.

TASKER, R. V. G. **Mateus**: introdução e comentário. Tradução de Odayr Olivetti. São Paulo: Vida Nova, 1985.

TOFFLER, A. **O choque do futuro**. Tradução de Eduardo Francisco Alves. 6. ed. Rio de Janeiro: Record, 1998.

TOWNSHEND, G. **Cristo e Bahá'u'lláh**. 2. ed. Rio de Janeiro: Bahá'í, 1976.

TUCKER, R. A. **Até os confins da terra**: uma história biográfica das missões cristãs. Tradução de Neyd Siqueira. São Paulo: Vida Nova, 1986.

WANTUIL, Z.; THIESEN, F. **Allan Kardec**: meticulosa pesquisa bibliográfica. Rio de Janeiro: FEB, 1979. v. 1.

WARBURTON, S. R. **Ostwärts!** Die Lebensgeschichte von Adoniram Judson. St. Gallen: Evangelischen Gesellschaft, 1947.

WESTERMANN, C. Genesis. In: HERMANN, S.; WOLFF, H. W. **Biblischer Kommentar**: Altes Testament. Neukirchen: Neukirchener Verlag, 1981. v. 1, 2.

XINTOÍSMO. In: **Significados**. 2019. Disponível em: <https://www.significados.com.br/xintoismo/>. Acesso em: 22 jun. 2019.

YOGANANDA, P. **A segunda vinda de Cristo**: a ressurreição do Cristo interior – comentário revelador dos ensinamentos originais de Jesus. Los Angeles: Self-Realization Fellowship, 2017. v. 1.

BIBLIOGRAFIA COMENTADA

AMBALU, S. et al. **O livro das religiões**. Tradução de Bruno Alexander. São Paulo: Globo, 2014.
Trata-se de uma introdução às religiões. Nele são apresentadas as religiões na pré-história, o período clássico, o hinduísmo, o budismo, o judaísmo, o cristianismo, o islamismo e as religiões modernas (a partir do século XV). É uma literatura útil.

ARMSTRONG, K. **Em defesa de Deus**. Tradução de Hildegard Feist. São Paulo: Companhia das Letras, 2011.

_____. **Uma história de Deus**. Tradução de Marcos Santarrita. São Paulo: Companhia das Letras, 2008.
Karen Armstrong tem sido vista como especialista em religiões, de uma forma especial as monoteístas, como o judaísmo, o cristianismo e o islamismo. Nascida na Inglaterra, foi freira por sete anos, abandonou o sacerdócio e passou a se aprofundar em literatura inglesa na Universidade de Oxford. Nesses dois livros, escreve sobre Deus e sua atuação na vida e na história humana.

BAGGIO, F.; PARISE, P.; SANCHEZ, W. L. (Org.). **Diásporas africanas e processos sociorreligiosos**. São Paulo: Paulus, 2017.
Essa coletânea de textos de vários autores mostra as diásporas religiosas africanas, focalizando as transformações ocorridas nos processos migratórios, principalmente em direção às terras paulistas, no decorrer da história até o século XX. Os textos foram produzidos para o Segundo Simpósio Internacional sobre Religião e Migração, que aconteceu de 6 a 8 de junho de 2016 na Pontifícia Universidade Católica de São Paulo (PUC-SP).

ELLER, J. D. **Introdução à antropologia da religião**. Petrópolis: Vozes, 2018.
A obra de Eller auxilia no aprofundamento na área de antropologia da religião. Apresenta a relação entre as concepções religiosas e a existência humana, entre os símbolos e as religiões, entre os mitos e a linguagem religiosa, entre as religiões e a moralidade, entre as religiões e a violência. O autor também traça relações entre o islamismo e o cristianismo, bem como aborda a temática do fundamentalismo religioso, sua antropologia e perspectiva intercultural. O livro ajuda a entender melhor as religiões.

FEUERBACH, L. **A essência do cristianismo**. Tradução de José da Silva Brandão. Petrópolis: Vozes, 2007.
Essa famosa obra do filósofo Feuerbach mostra a consequência da antropologização da religião. Se antes se acreditava que Deus fez o homem a sua imagem e semelhança (conforme o relato bíblico de Gênesis, 1: 26-27), Feuerbach inverte a afirmação e diz que os seres humanos é que fazem os deuses a sua imagem e semelhança. As religiões seriam, portanto, produzidas pelos homens e, por isso, se constituem projeções do ser humano. Religião torna-se, então, antropologia. Religião é produto da fase infantil da humanidade. Esse autor teve grande influência na forma de se ver a religião nos séculos XIX e XX. O que era atribuído à revelação divina e ao Espírito Santo, foi naturalizado e antropomorfizado. As ideias de Feuerbach foram assumidas por Karl Marx, recebendo caráter econômico.

FLUCK, M. R. **Protestantismo se reformando nos séculos XVII-XIX**: confessionalização, pietismo e reavivamentos. Curitiba: Cia. de Escritores, 2012a.

_____. **Teologia dos Pais da Igreja**. Curitiba: Cia. de Escritores, 2012b.

São dois livros importantes para perceber as transformações do pensamento cristão.

O primeiro mostra o que ocorreu depois da Reforma Protestante, apresentando o surgimento da ortodoxia, do pietismo e os reavivamentos europeus e norte-americanos. Assim, podemos tomar conhecimento dos aspectos da teologia que dificultaram o diálogo entre os próprios cristãos. Já o segundo aborda como o pensamento cristão evoluiu nos séculos de I a V d.C., mostrando as correntes teológicas que foram surgindo, principalmente a Escola Latina, a Escola de Alexandria e a Escola de Antioquia, bem como a relação entre Igreja e Estado.

JUSTINO, Mártir. **Santo Justino de Roma**. Tradução de Ivo Storniolo e Euclides M. Balancin. São Paulo: Paulus, 1995. (Coleção Patrística).

Justino de Roma foi um dos primeiros professores de filosofia a se tornar cristão, passando a defender o cristianismo na academia. Essa obra disponibiliza duas apologias escritas que visam ao debate com os pensadores greco-romanos, bem como um escrito voltado ao debate com os judeus (*Diálogo com Trifão*), o qual mostra as distinções entre as formas como o judaísmo e o cristianismo interpretam as Escrituras Sagradas (Antigo Testamento). Os três escritos mostram, portanto, o problema das relações entre a filosofia e a fé. Justino não apresenta o cristianismo como oposição às demais correntes de pensamento, mas sim como um processo em direção à plenitude.

KÜNG, H. **El Islam**: historia, presente, futuro. 2. ed. Madrid: Trotta, 2007.

_____. **El judaísmo**: pasado, presente, futuro. 7. ed. Madrid: Trotta, 2013.

_____. **Religiões do mundo**: em busca dos pontos comuns. Tradução de Carlos Almeida. Campinas: Verus, 2004.

Hans Küng tem sido visto como referência mundial para o diálogo inter-religioso. Ele defende, desde 1982, frases programáticas com vistas a uma mudança global de consciência, da qual pode depender a sobrevivência da espécie humana. O autor procura construir pontes a partir dos pontos comuns entre as religiões. Ilustrou isso de forma magistral na comparação entre as religiões monoteístas do judaísmo, cristianismo e islamismo – nessa sugestão, mencionamos os livros amplos elaborados sobre duas delas, o islamismo e o judaísmo. É um autor essencial para o aprofundamento da temática do diálogo inter-religioso.

LAS CASAS, B. de. **Brevíssima relação da destruição das Índias**: o paraíso destruído. Porto Alegre: L&PM, 1984. (Coleção História/Série Visão dos Vencidos).

Bartolomeu de Las Casas apresenta de forma sintética a destruição gerada entre os indígenas latino-americanos pelos colonizadores espanhóis. Las Casas foi testemunha da opressão dos indígenas e se tornou ardente defensor dos seus direitos. Ele é o grande lutador na América Latina pelo diálogo com os nativos. A leitura desse livro é essencial para adquirirmos consciência da brutalidade manifestada na colonização do nosso continente, já que o autor revela as infâmias realizadas pelos "cristãos" espanhóis.

LOHSE, B. **A fé cristã através dos tempos.** Tradução de Sílvio Schneider. 2. ed. São Leopoldo: Sinodal, 1981.
O autor descreve como a fé cristã se desenvolveu ao longo dos tempos. É uma boa introdução à história dos dogmas cristãos, com a apresentação das declarações de fé geradas nos cinco primeiros séculos nas áreas da doutrina da Trindade, da cristologia, da doutrina do pecado e da graça, da palavra e do sacramento, da justificação. O livro traz a diferença entre a compreensão de dogma no catolicismo moderno e no protestantismo, passando pela ortodoxia protestante e chegando à Declaração Teológica de Barmen, que se opunha ao nazismo. O livro finaliza com a abordagem da questão da unidade da Igreja. É um recurso importante para entendermos as dificuldades de estabelecimento de diálogo devido às tendências existentes no próprio cristianismo.

LOPES, N. **Enciclopédia brasileira da diáspora africana.** 4. ed. São Paulo: Selo Negro, 2011.
Trata-se de uma ampla enciclopédia sobre um tema central para o diálogo inter-religioso no contexto brasileiro: a diáspora africana. A obra é um referencial para a pesquisa da brasilidade negra, o que nos ajuda na pesquisa da nossa identidade nacional. O autor desenvolve elementos sociológicos e religiosos que iluminam as dimensões da negritude brasileira.

MATTOS, R. A. de. **História e cultura afro-brasileira.** 2. ed. São Paulo: Contexto, 2016.
O livro mostra como os africanos e seus descendentes conviveram com brancos, pardos, indígenas, crioulos e africanos de diversas regiões e como encontraram meios para se organizar e manifestar suas culturas, influenciando profundamente a sociedade e a cultura brasileiras. A autora aborda a história da África e dos africanos, o mercado escravagista e a luta dos negros. Traz uma boa abordagem sobre a religiosidade afro-brasileira.

MORESCHINI, C. **História da filosofia patrística**. São Paulo: Loyola, 2008.
Moreschini nos apresenta a melhor obra em língua portuguesa sobre a forma de pensamento filosófico dos Pais da Igreja do século II ao VII d.C. Mostra as correntes de pensamento existentes nesse período, bem como as particularidades de compreensão nos meios cristãos nos mais variados contextos culturais. É um livro essencial para entender a relação entre cristianimo e filosofia, com as interações entre cristianismo e cultura greco-romana. Os contatos entre a civilização judaica e a cristã, por um lado, e a greco-romana, por outro, são destacados de uma forma bastante clara. É uma obra fundamental para a compreensão da mentalidade desenvolvida nesses séculos.

PRANDI, R. **Mitologia dos orixás**. São Paulo: Companhia das Letras, 2001.

_____. Recriações religiosas da África no Brasil. In: BAGGIO, F.; PARISE, P.; SANCHEZ, W. L. (Org.). **Diásporas africanas e processos sociorreligiosos**. São Paulo: Paulus, 2017. p. 67-93.

_____. **Segredos guardados**: orixás na alma brasileira. São Paulo: Companhia das Letras, 2005.

Prandi é especialista reconhecido em religiões afro-brasileiras. Ele mostra como a religião africana resistiu em meio a todos os processos a que os escravos foram submetidos, reinventando-se ao longo dos anos no Brasil. Traz a dinâmica da herança africana e como ela se reconfigurou no contexto cultural brasileiro, gerando verdadeiras recriações, visto que a identidade africana do negro foi destruída em meio à violência cultural a que foi submetido: sua memória original foi roubada pela escravidão. São estudos muito importantes para podermos nos localizar em meio ao diálogo inter-religioso.

RIBEIRO, D. **O povo brasileiro**: a formação e o sentido do Brasil. 3. ed. São Paulo: Global, 2015.
Darcy Ribeiro é um dos principais intérpretes do povo e da religiosidade brasileira. Nessa obra, apresenta as matrizes étnicas, o processso civilizatório, a gestação étnica, o processo sociocultural e as questões raciais. Ele mostra os vários "brasis" surgidos na história: o crioulo, o caboclo, o sertanejo, o caipira e o sulino. Ao concluir sua abordagem, o autor fala do destino nacional, das dores de parto e dos confrontos que ocorreram no decorrer da história. A obra é muito importante para localizar o diálogo no contexto brasileiro.

RICHARDSON, D. **O fator Melquisedeque**: o testemunho de Deus nas culturas através do mundo. Tradução de Neyd Siqueira. São Paulo: Vida Nova, 1986.
Em 1962, Don Richardson e sua esposa foram morar na tribo dos sawis, onde perceberam que os nativos, ao ouvirem a história de Jesus Cristo, se interessavam por Judas, o qual traiu Jesus. Richardson narra com realismo que a inimizade somente era superada quando os inimigos entregavam um filho para selar a aliança da paz. A incrível transformação que o Filho da Paz trazia ao coração dos sawis foi a chave para uma história em que podemos vivenciar as lutas e os desafios enfrentados para a realização do diálogo e da paz. Logo, nesta obra, o autor mostra a importância de se procurar tais elementos culturais para a construção da paz em todas as culturas e religiões. Ele indica o que pode significar o fator *Melquisedeque* em inúmeros contextos, o qual é entendido como elementos da revelação geral do divino em cada cultura. Assim como Abraão reconheceu em Melquisedeque o sacerdote divino, também existem elementos redentores em todos os movimentos culturais e religiosos.

SAMPLEY, J. P. (Org.). **Paulo no mundo greco-romano**: um compêndio. São Paulo: Paulus, 2008.

O livro organizado por Sampley traz uma grande contribuição para compreendermos como o apóstolo Paulo se relacionou com o mundo e a cultura grego-romana. Paulo geralmente é exposto como vinculado à cultura judaica; no entanto, foi o que mais se dedicou a tornar a mensagem do cristianismo acessível aos que estão fora do judaísmo. Os estudos mostram Paulo abordando os ouvintes em seus próprios contextos histórico-culturais. O mundo mediterrâneo é apresentado como primeiramente helenizado e depois romanizado. Ninguém escapava da influência constante de Roma, a qual marcava as transações econômicas e sociais de todos. O judaísmo da época do início do cristianismo já estava helenizado. Paulo encorajou o compromisso cristão no mundo, em relação com a cultura e suas categorias. O compêndio é essencial para entender a forma como o cristianismo dialogou com as outras religiões e os diferentes contextos histórico-culturais.

SOUZA, J. N. de. **Cristianismo**: a religião do diálogo. São Paulo: Fonte, 2015.

O autor descreve o cristianismo como a religião do diálogo, mostrando seu papel em meio à diversidade religiosa. Destaca a importância da busca da unidade e a percepção da diversidade de paradigmas. A hermenêutica cristã e sua interdisciplinaridade, bem como a adoção do amor como princípio, são elementos que fortalecem a identidade e sublinham o valor da alteridade. O cristianismo se articula como cuidado que recria. O livro é um estímulo à prática do diálogo por parte dos cristãos.

YOGANANDA, P. **A segunda vinda de Cristo**: a ressurreição do Cristo interior – comentário revelador dos ensinamentos originais de Jesus. Los Angeles: Self-Realization Fellowship, 2017. v. 1. O autor alega que está restabelecendo os ensinamentos originais de Jesus. Na verdade, procura dar uma interpretação hinduísta aos ensinamentos e à biografia de Jesus Cristo. O livro reinterpreta a temática da encarnação divina, o nascimento de Jesus, seu batismo, a escolha dos discípulos, as conversas com Natanael, com Nicodemos e com a mulher samaritana, a expulsão de demônios, a cura de doentes e o sermão da montanha. É uma obra importante para descobrir pontos de contato entre o ensinamento cristão e a doutrina hinduísta.

RESPOSTAS

Atividades de autoavaliação

Capítulo 1
1. a
2. a
3. d
4. a
5. c

Capítulo 2
1. a
2. c
3. b
4. a
5. c

Capítulo 3
1. a
2. d
3. b
4. c
5. b

Capítulo 4
1. a
2. b
3. c
4. e
5. b

Capítulo 5
1. a
2. a
3. c
4. d
5. c

Capítulo 6
1. b
2. b
3. d
4. b
5. a

SOBRE O AUTOR

Marlon Ronald Fluck é bacharel em Teologia (1980) pela Faculdade de Teologia da Escola Superior de Teologia (EST), de São Leopoldo (RS), integralizado pela Faculdade Evangélica do Paraná (2007); especialista em Sociologia Urbana (1986) pela Universidade do Vale do Rio dos Sinos (Unisinos), também de São Leopoldo (RS), e em Serviço Social da Família (1990) pela Universidade Luterana do Brasil (Ulbra), de Canoas (RS); mestre em Teologia e História (1983-1984) pela Escola Superior de Teologia; doutor em Teologia e História (1993-1998) pela Universidade de Basileia, na Suíça, grau reconhecido pela Escola Superior de Teologia (2004).

Realizou pesquisas pós-doutorais sobre confessionalização da Igreja Evangélica de Confissão Luterana no Brasil (em Berlim e Darmstadt, na Alemanha), sobre história da presença luterana em Curitiba (Berlim) e sobre história da Bíblia de Almeida (em Halle, na Alemanha).

Foi professor do mestrado em Teologia na Faculdades Batista do Paraná (Fabapar), em Curitiba/PR (2013-2017), e coordenador do bacharelado em Teologia na modalidade a distância na Faculdade São Braz (2018-2019).

Atualmente, é professor da Faculdade Teológica Betânia, professor conteudista do Centro Universitário Internacional Uninter e pesquisador do grupo de pesquisa do Núcleo Paranaense de Pesquisas e Estudos em Religião da Universidade Federal do Paraná (Nupper-UFPR), da Associação Nacional de Professores Universitários de História (ANPUH) e da Fraternidade Teológica Latino-Americana (FTL). Além disso, é pastor evangélico (atuou como titular em Maringá/PR e São Leopoldo/RS) desde 1981 e professor universitário de Teologia desde 1985.

É autor de 20 livros, 44 capítulos de livros e 31 artigos científicos.

Os papéis utilizados neste livro, certificados por instituições ambientais competentes, são recicláveis, provenientes de fontes renováveis e, portanto, um meio sustentável e natural de informação e conhecimento.

FSC
www.fsc.org
MISTO
Papel produzido a partir de fontes responsáveis
FSC® C057341

Impressão: Log&Print Gráfica & Logística S.A.
Abril/2021